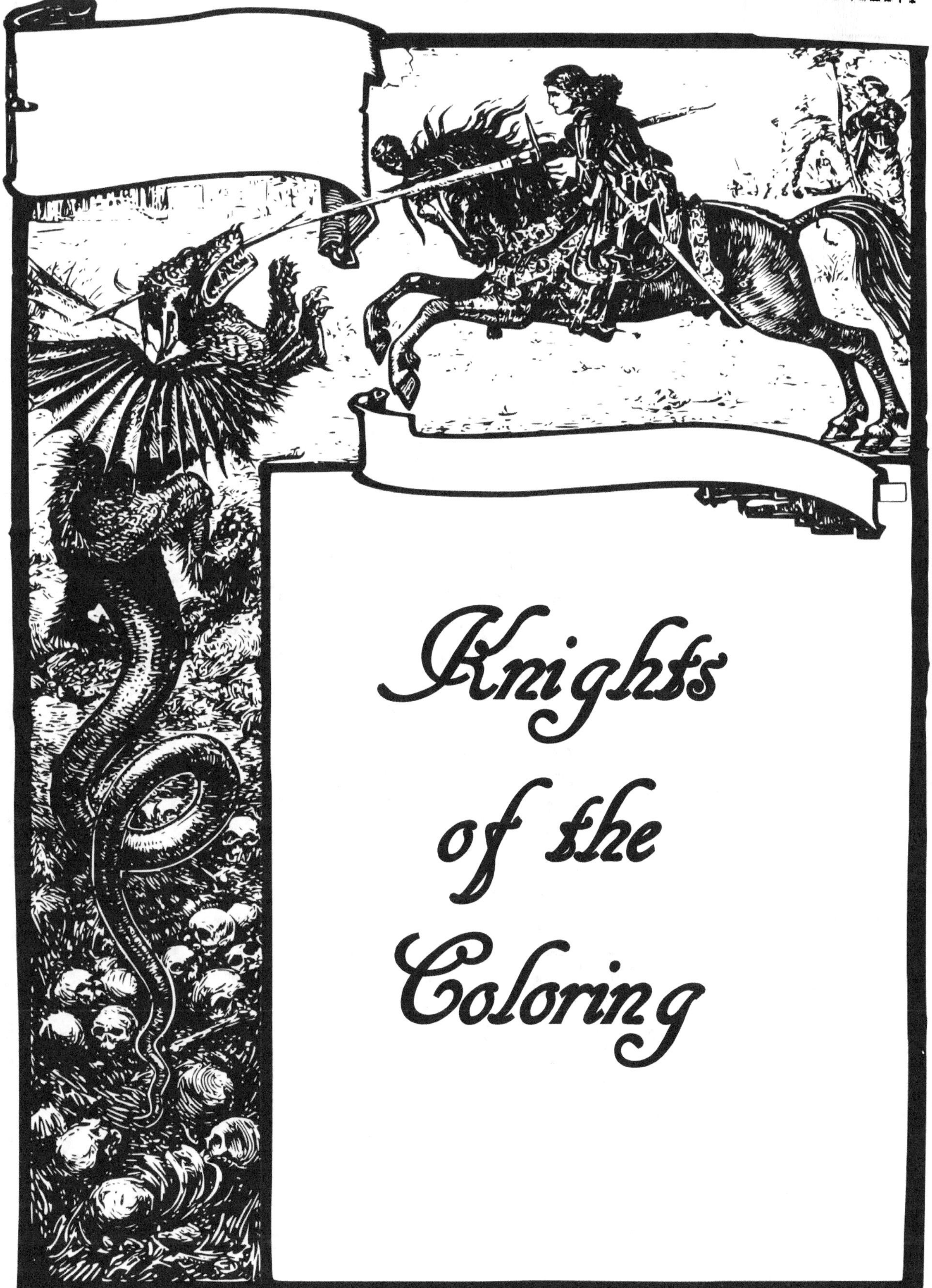

Knights of the Coloring

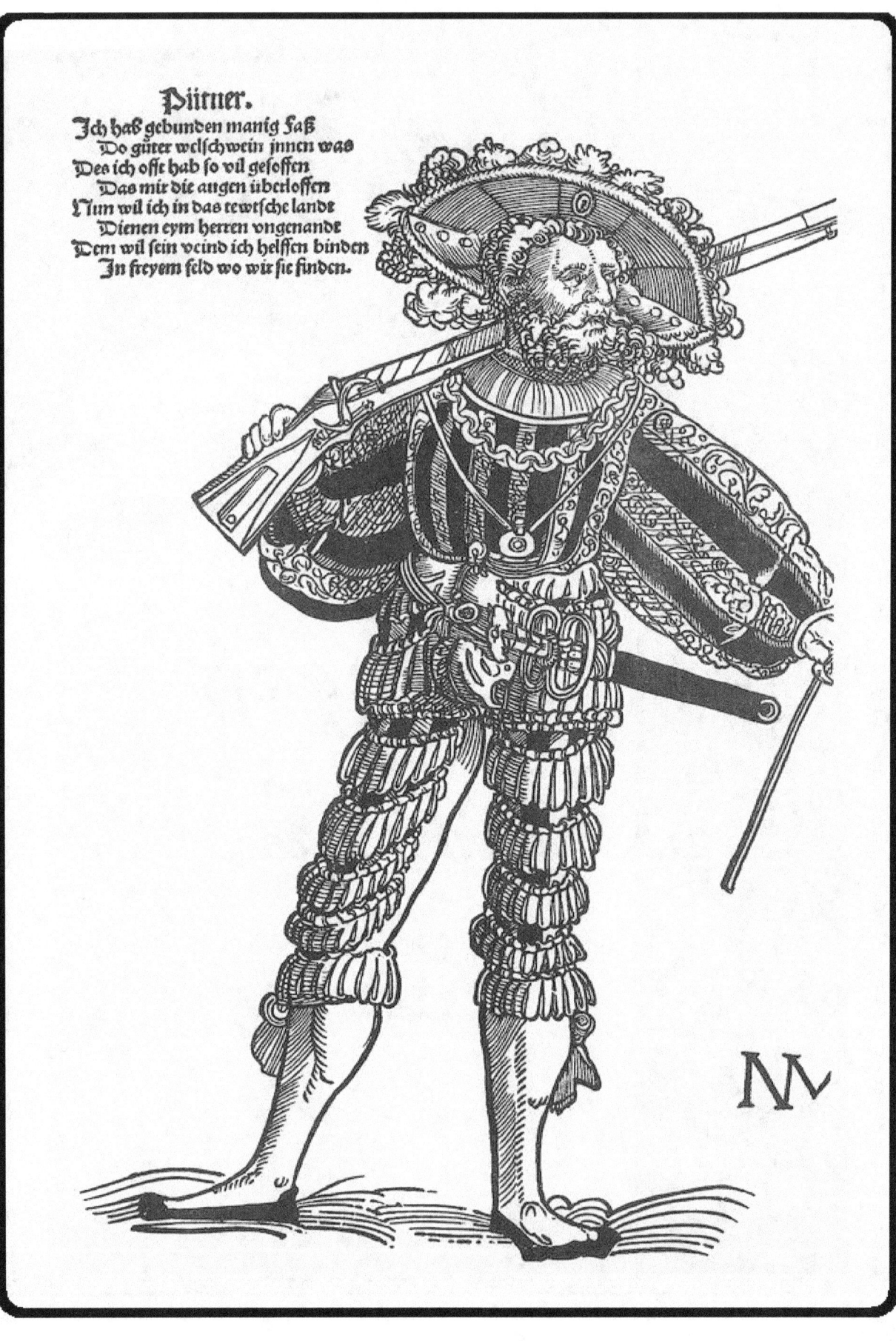

Büttner.

Ich haß gebunden manig faß
Do guter welschwein innen was
Des ich offt hab so vil gesoffen
Das mir die augen überloffen
Nun wil ich in das tewtsche lande
Dienen eym herren vngenande
Dem wil sein veind ich helffen binden
In freyem feld wo wir sie finden.

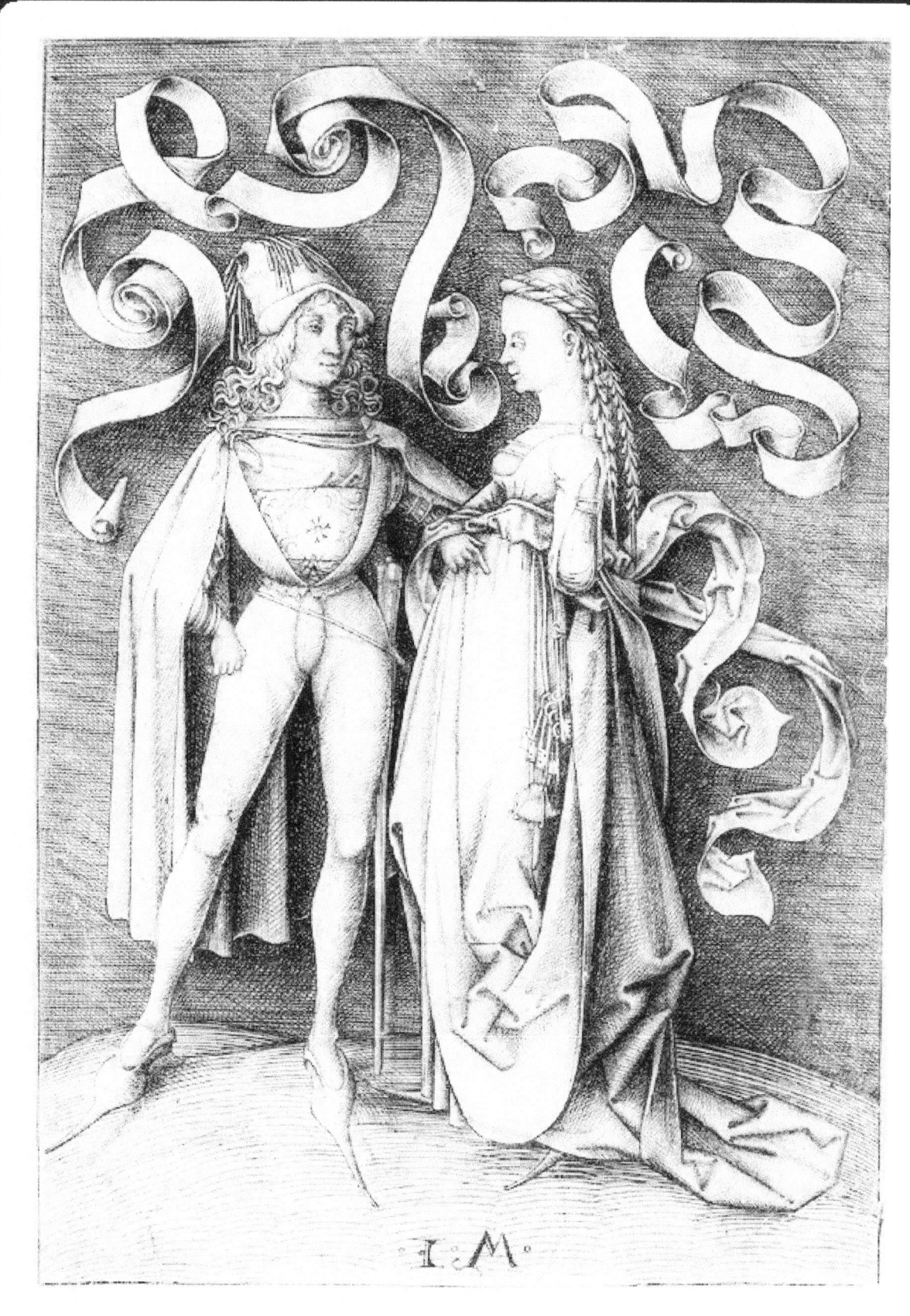

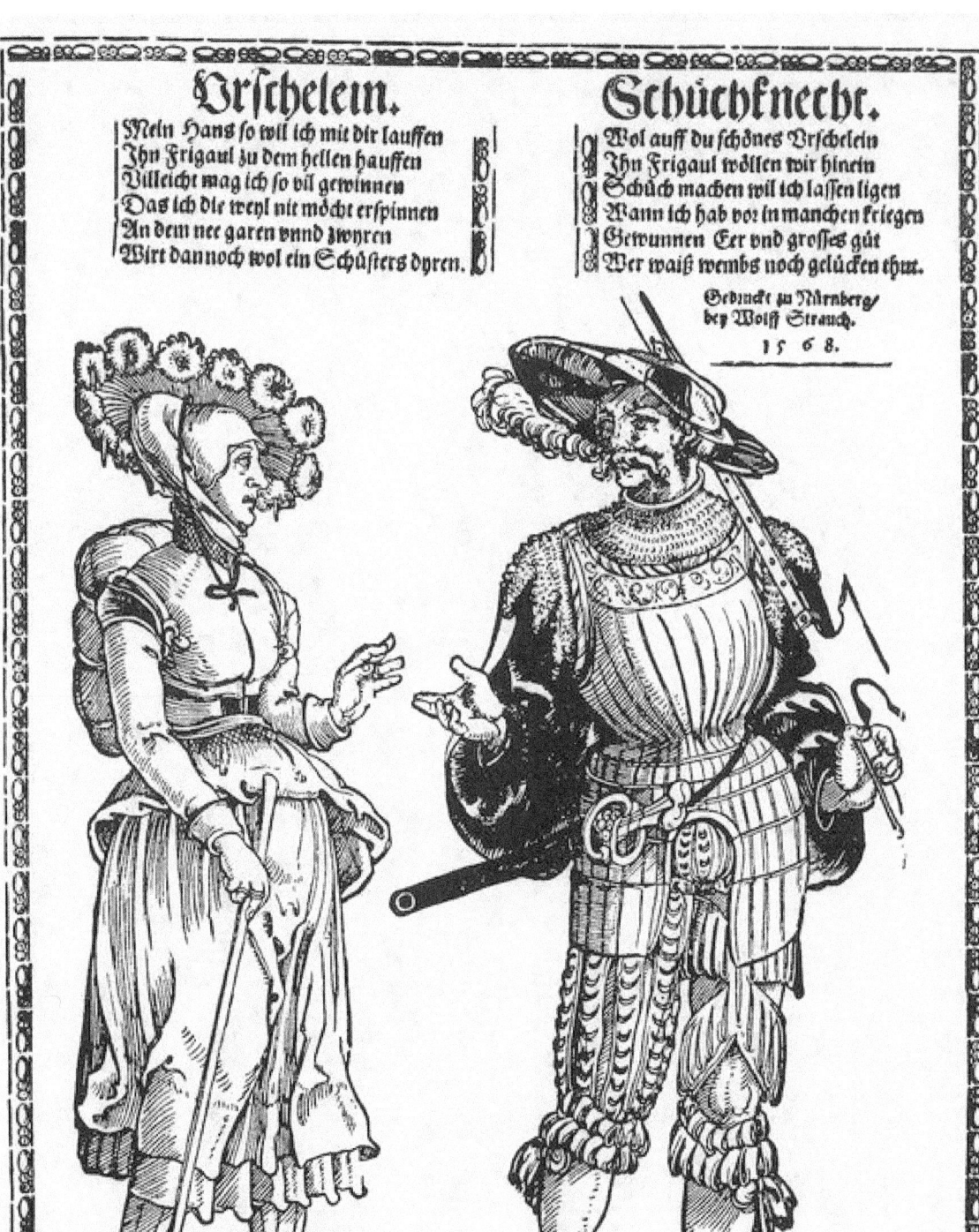

Pild schnitzer

Ich hab mich kunstlich pild geschnitt
Geschnitzt auff welschen siten
Nun hat ein haubtman mich bestelt
Dem wil ich dienen als ein helle

In sturm streyt vnd dem scharmützeln
Do hilff ich jm sein veinde kürtzeln
Vnd hilff in einen gecken schnitzen
Das jr ein tayl plut möcht schwitzen

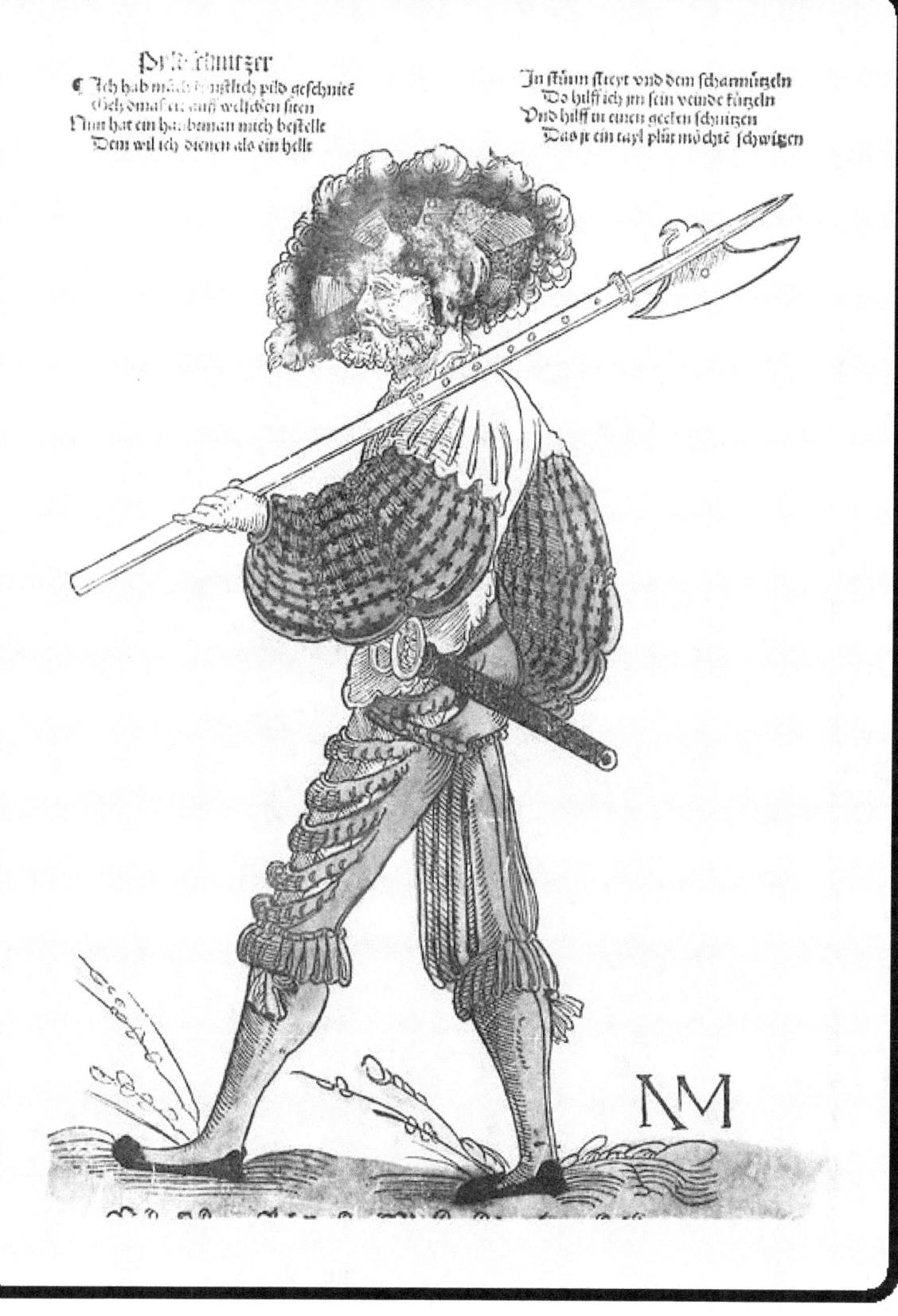

Von Gottes gnaden Albrecht Marggraue zů Bran=
denburg/zů Stettin/Pomern/der Cassuben/und Wenden/Hertzog/Burggrave zů Nürnberg/
und Fürst zů Rügenn. ꝛc.

Hans Guldenmundt

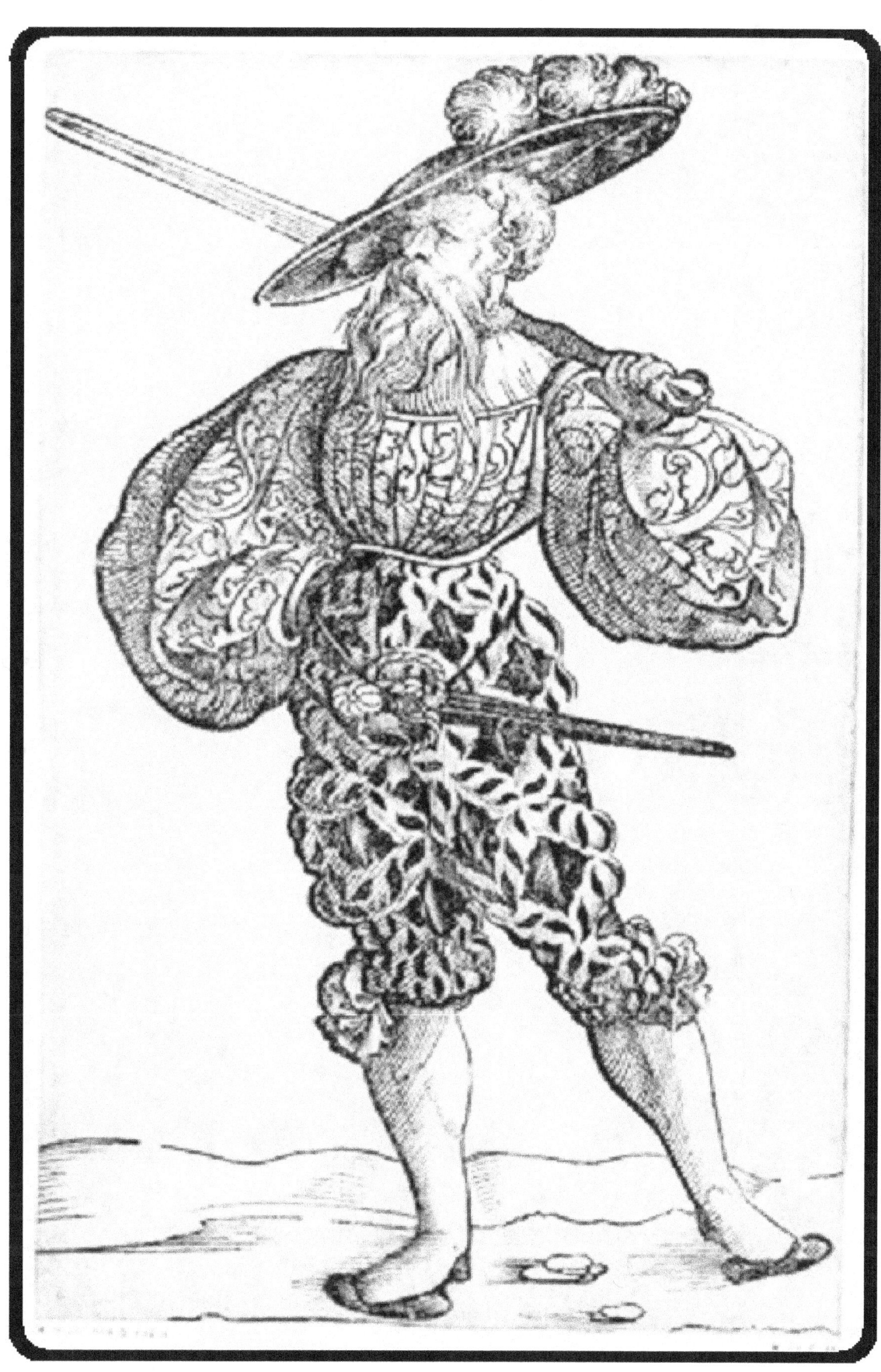

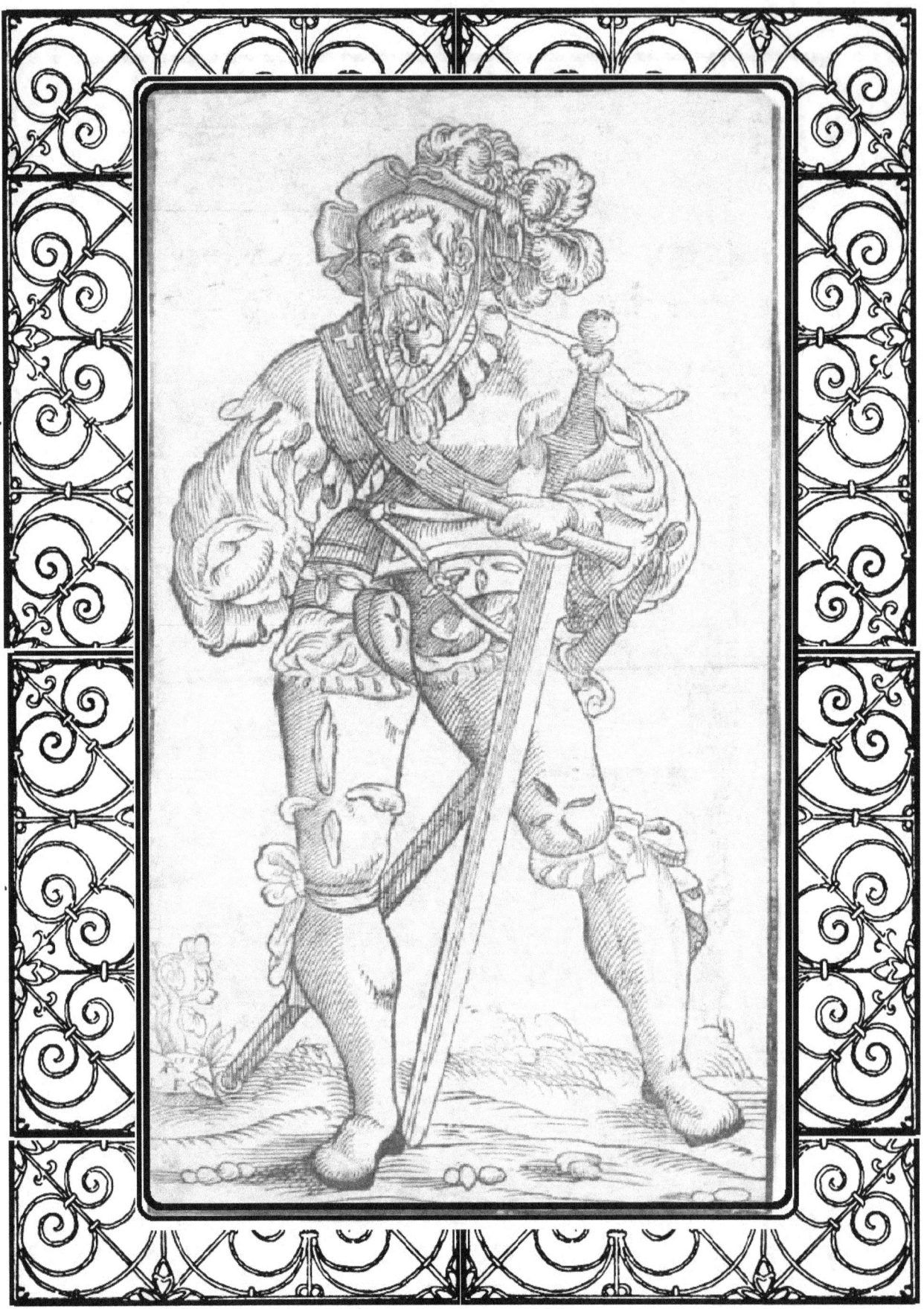

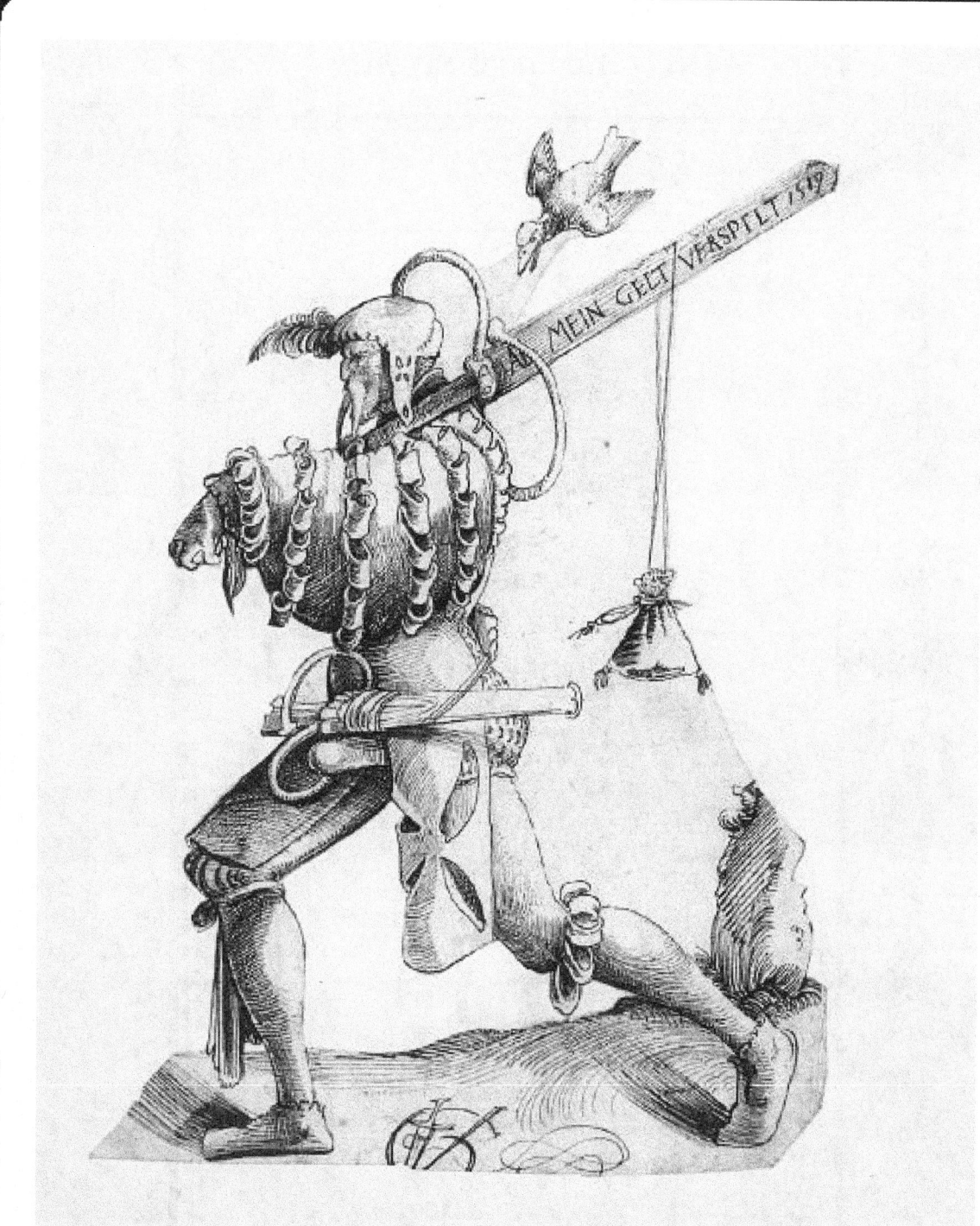

Urs Graf, Landsknecht, his money spent 1519

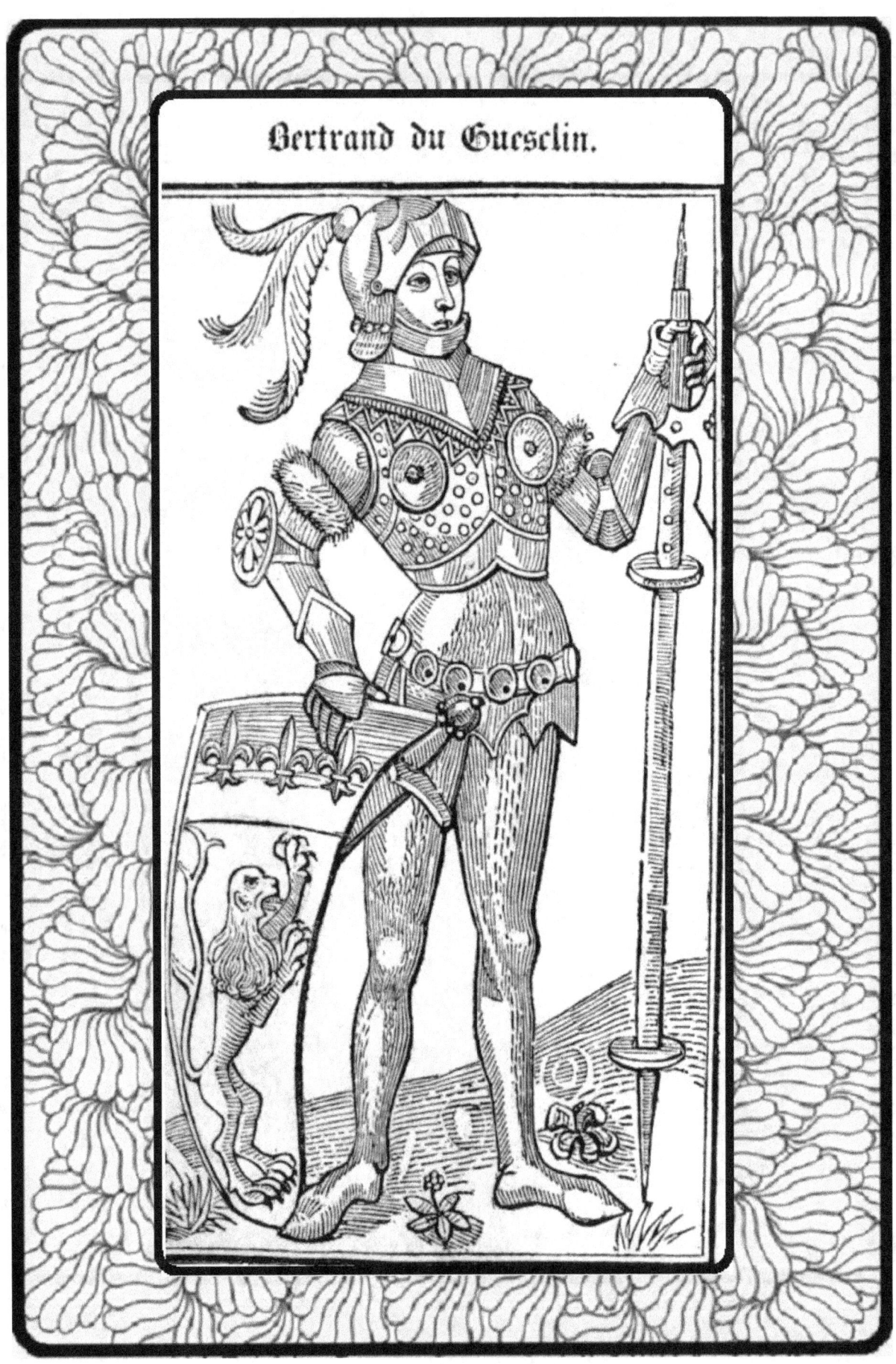

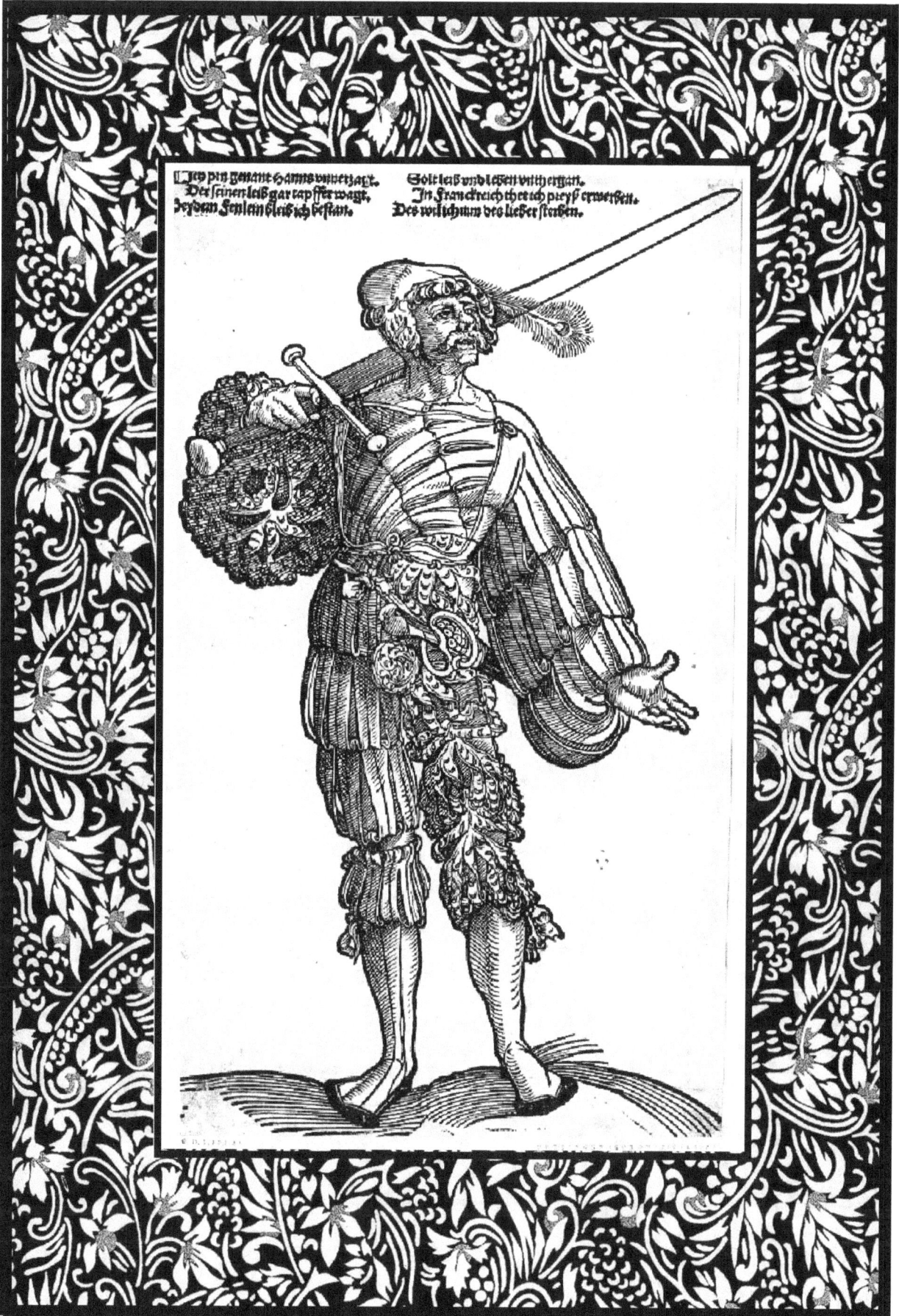

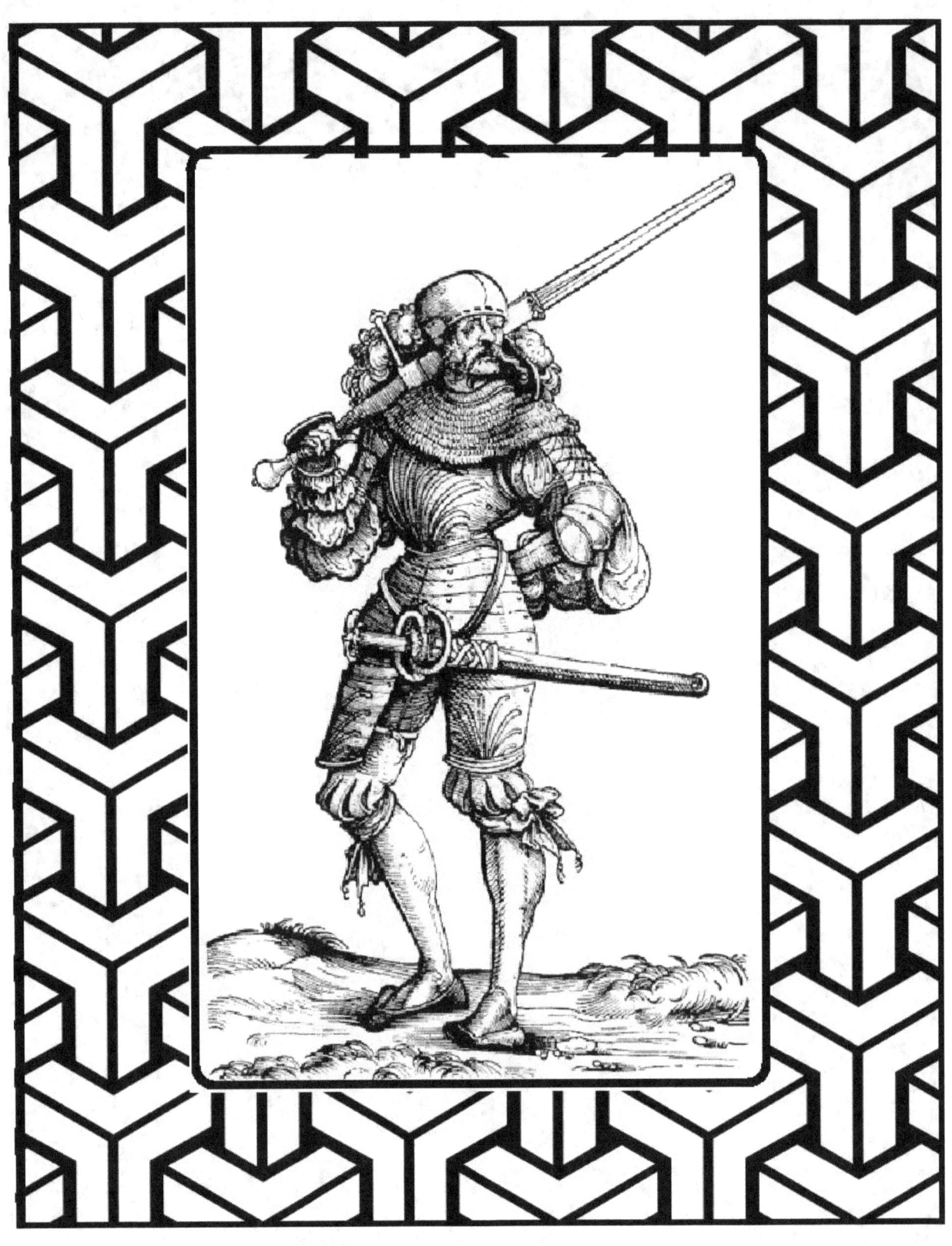

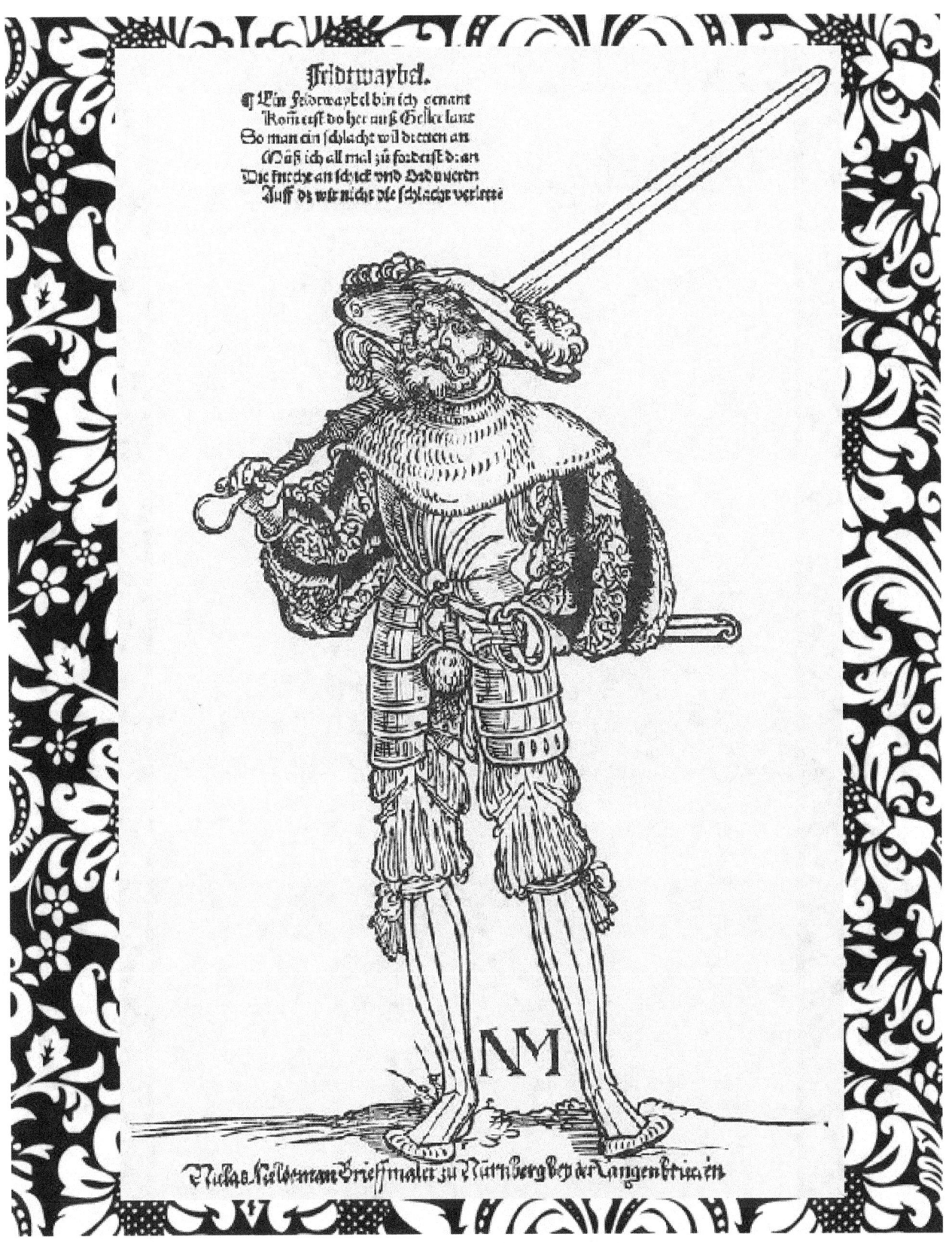

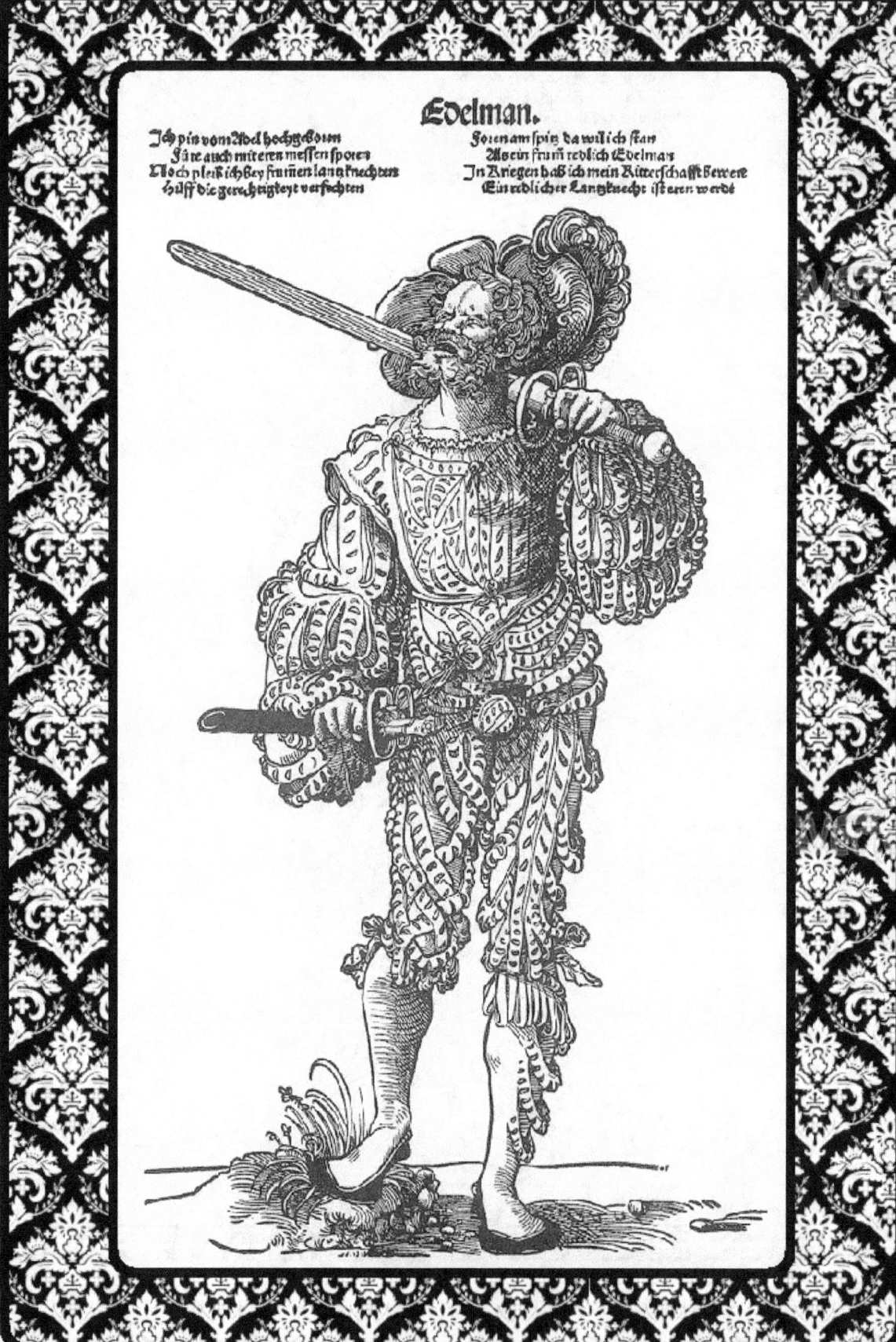

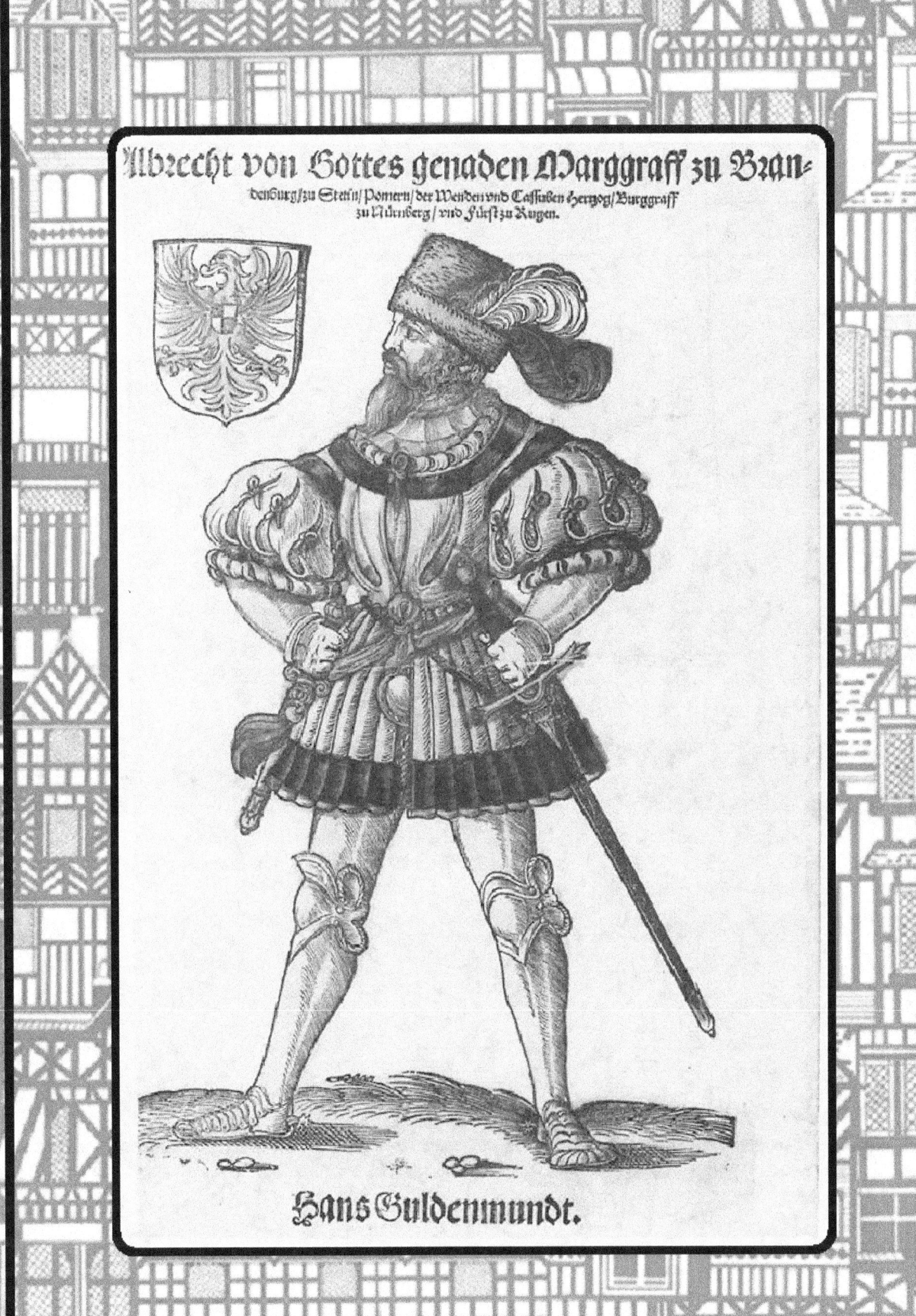

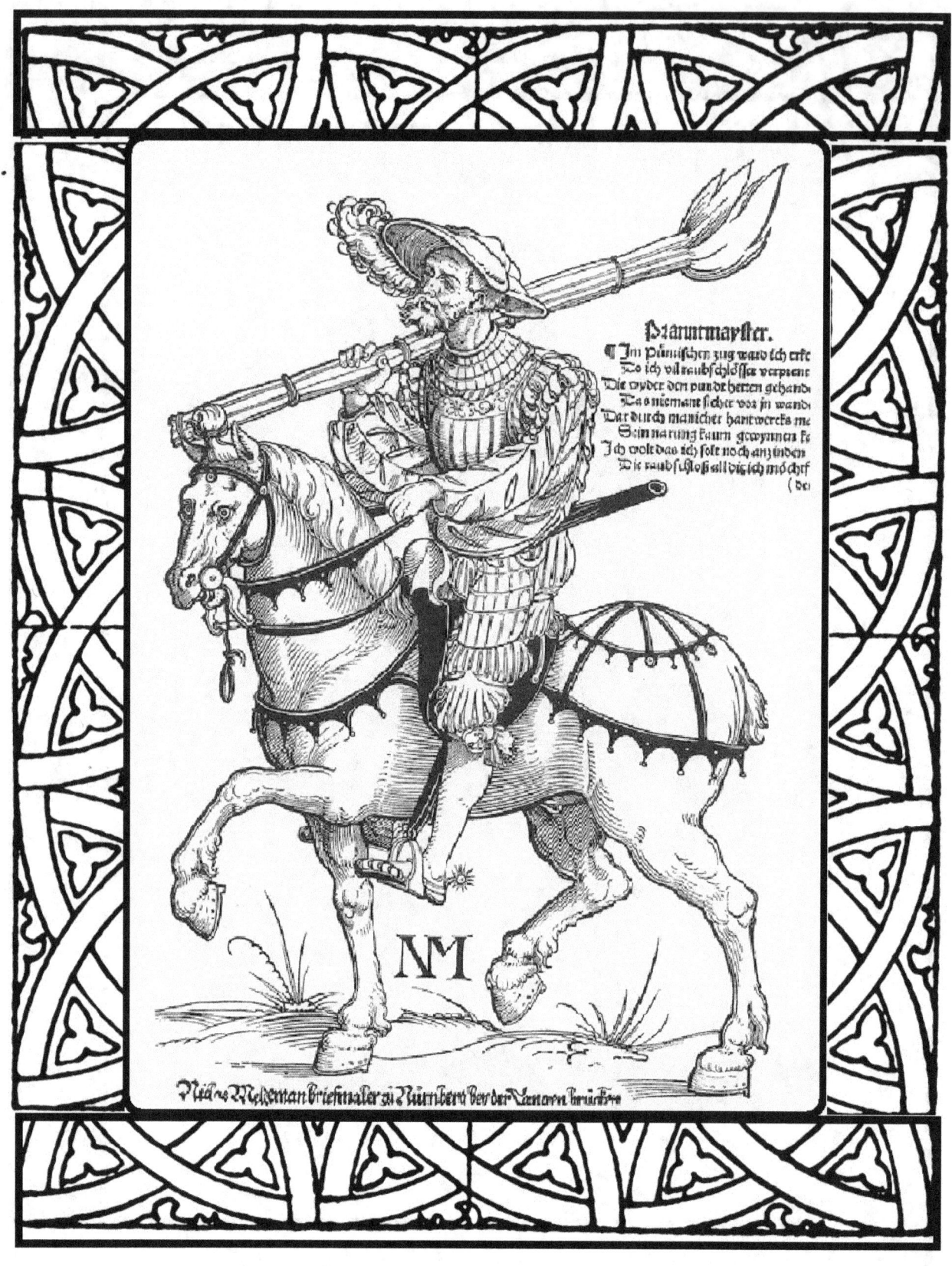

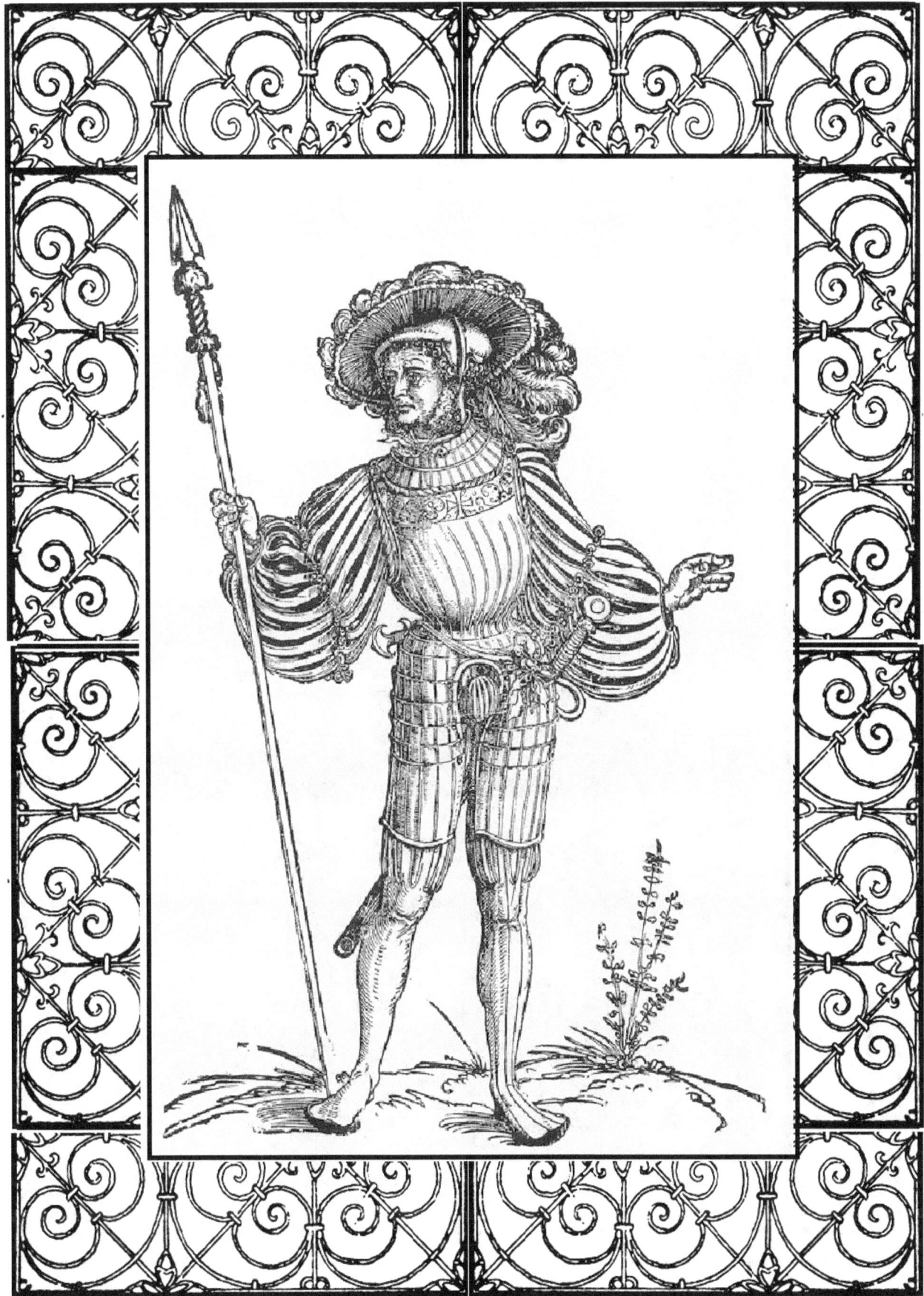

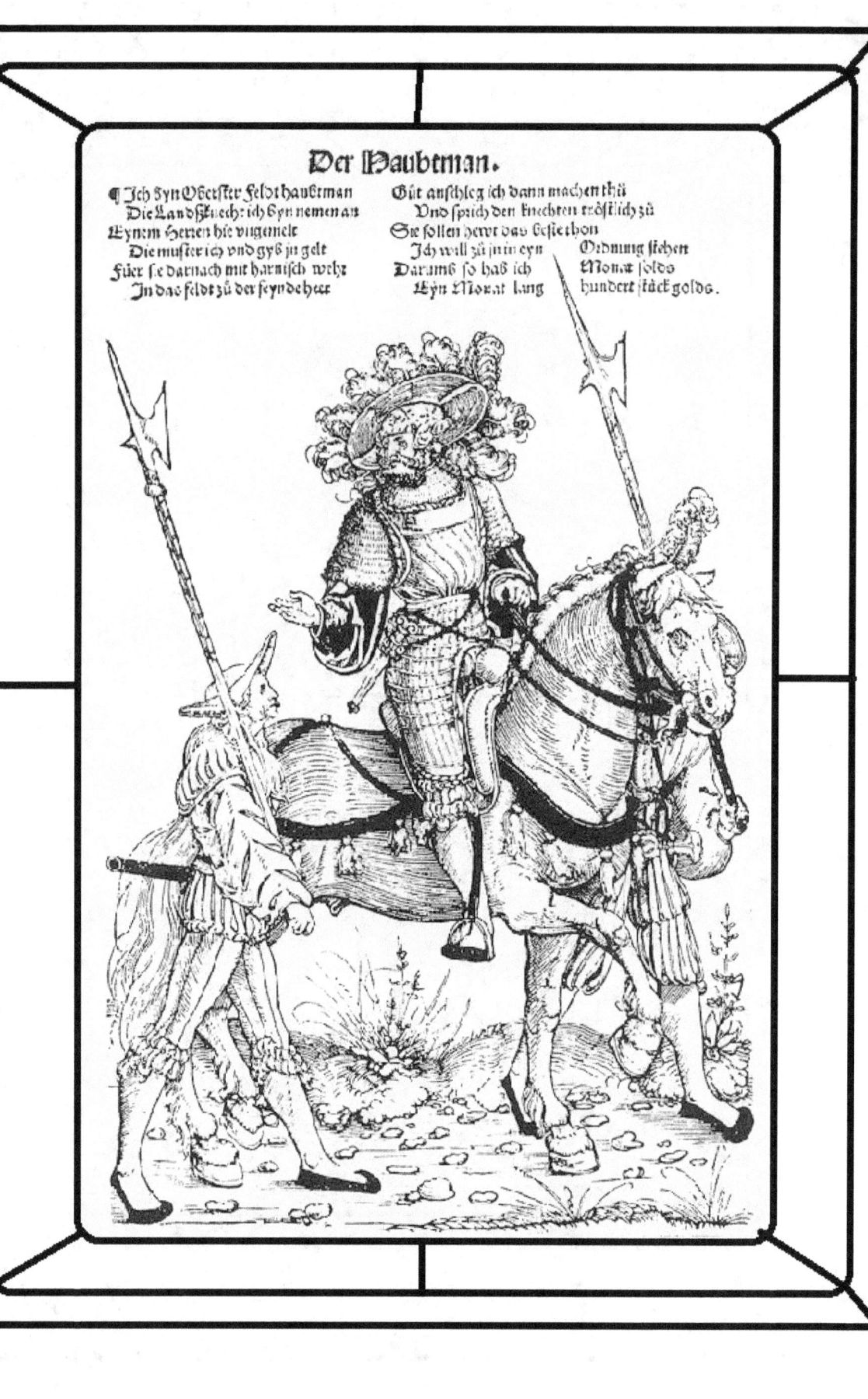

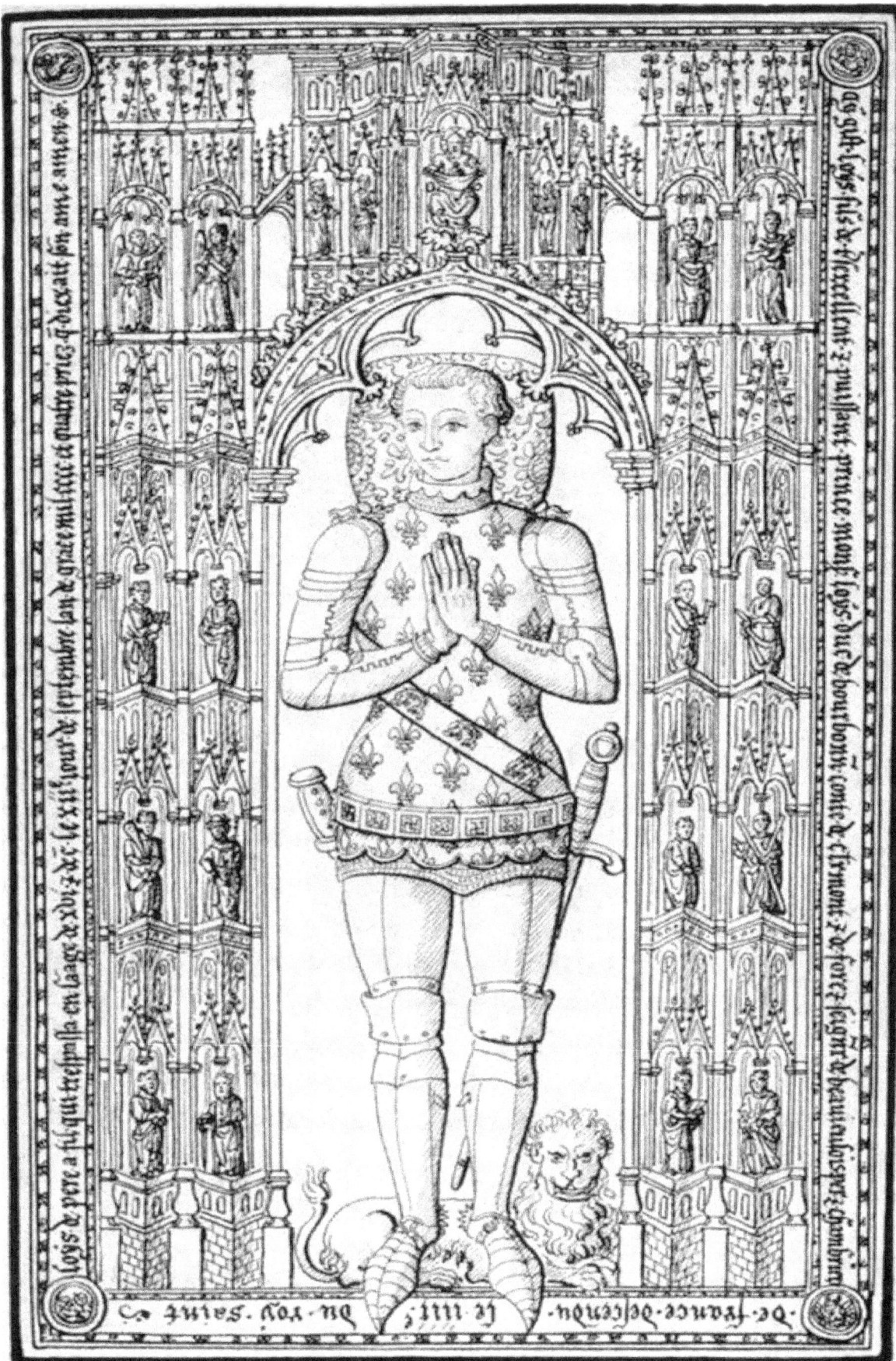

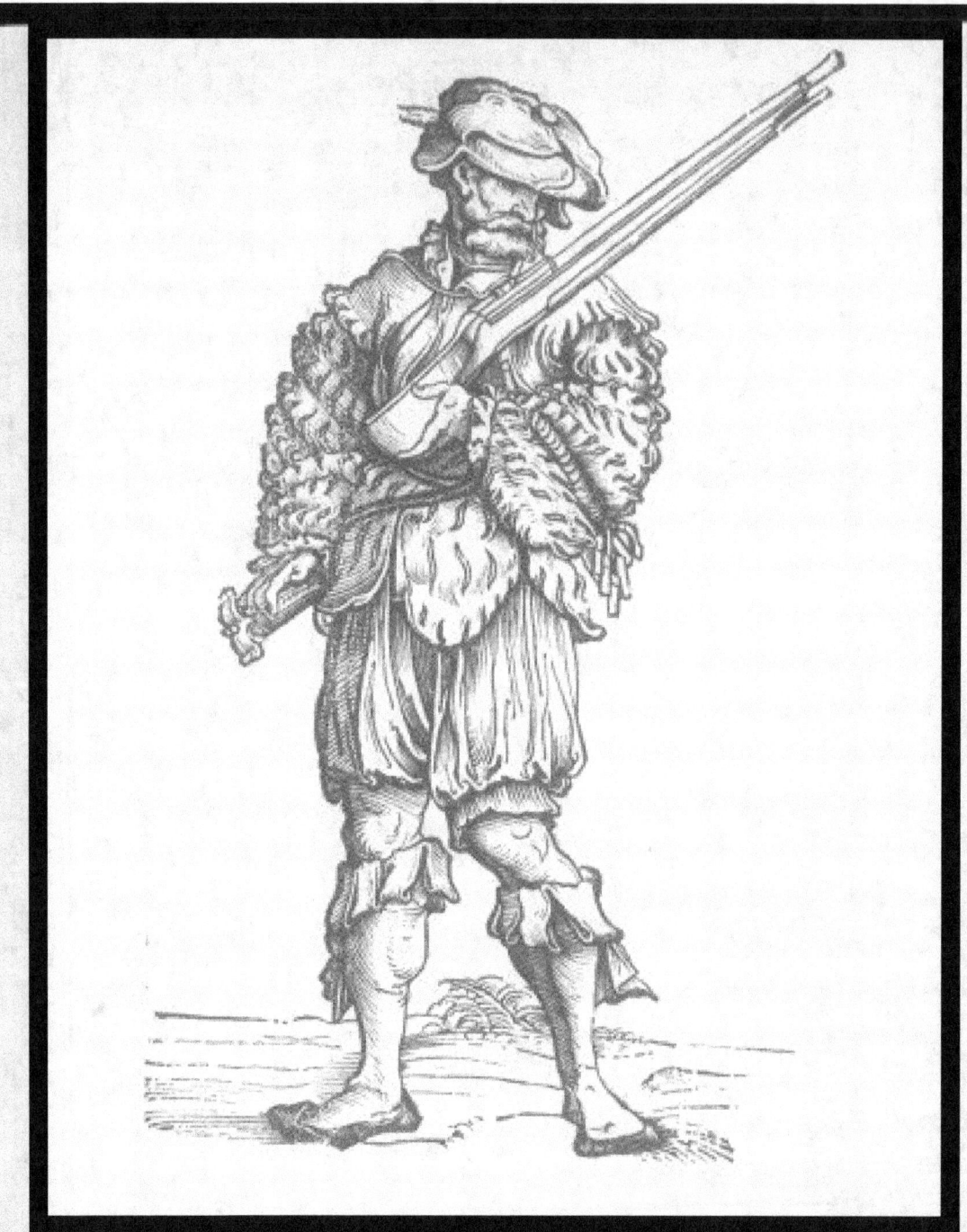

Nürnberg * Germanisches Nationalmuseum * Graphische Sammlung * Inv. Nr. H 730 Kapsel 1261 * Musketier * Nürnberg, 1851/1900 * Papier * Holzschnitt * 26,7 x 19,4 cm (Blatt) * Nachahmung * für/nach: Druck * 1535/1555 * Deutschland * Neg.Nr. GNM H 730/1261 * Aufnahme

Schramhanns.

Ich pin genent Valtein Schramhanns.
In Dennmarck wert ich mich des mans.
In dem Wirtzhawß auff dem vmplatz.
Lig ich noch tag vnd nacht im hatz.
Vnd welcher mich vnlustig macht.
Der muß pald liefferen mir ein Schlacht.

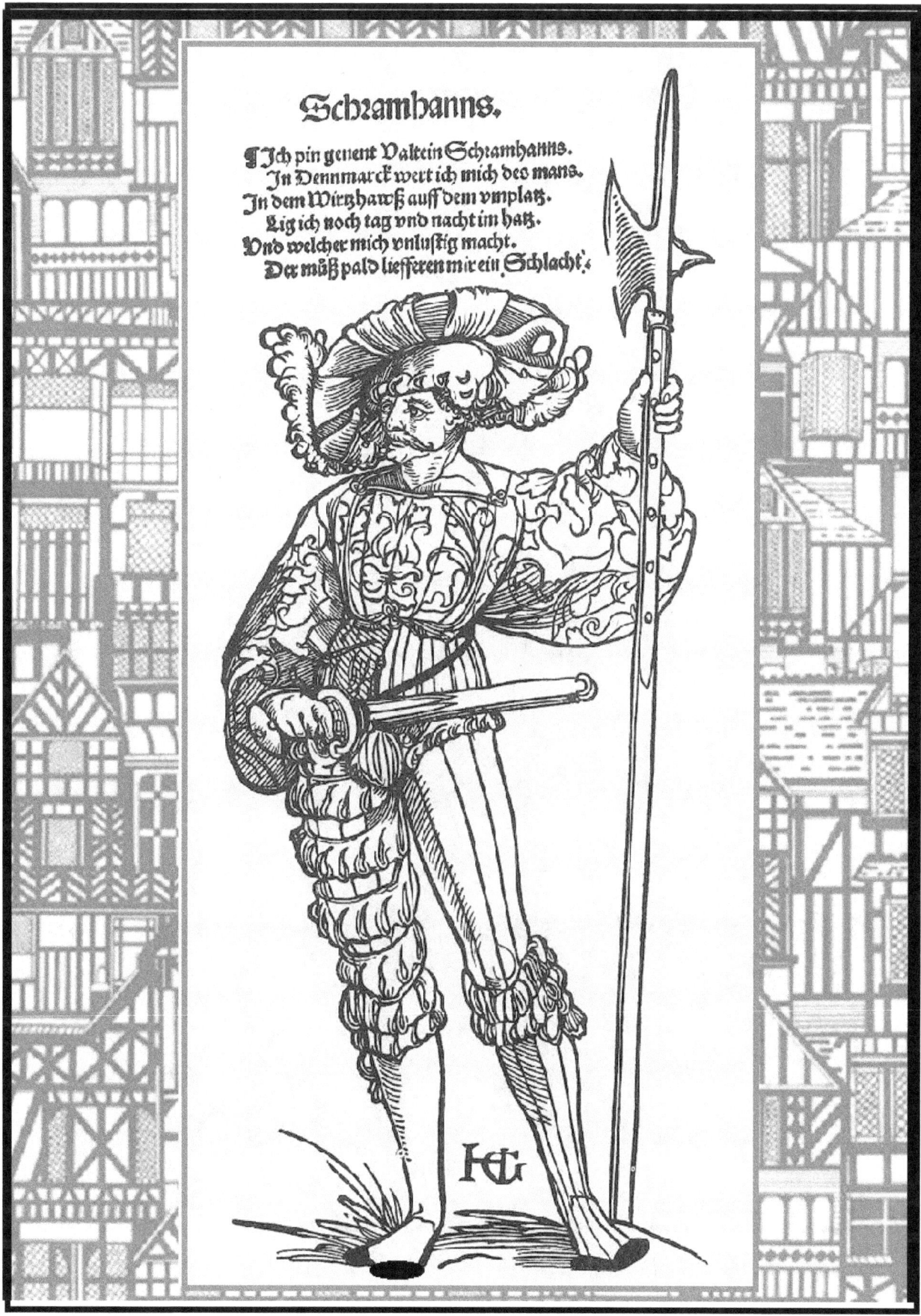

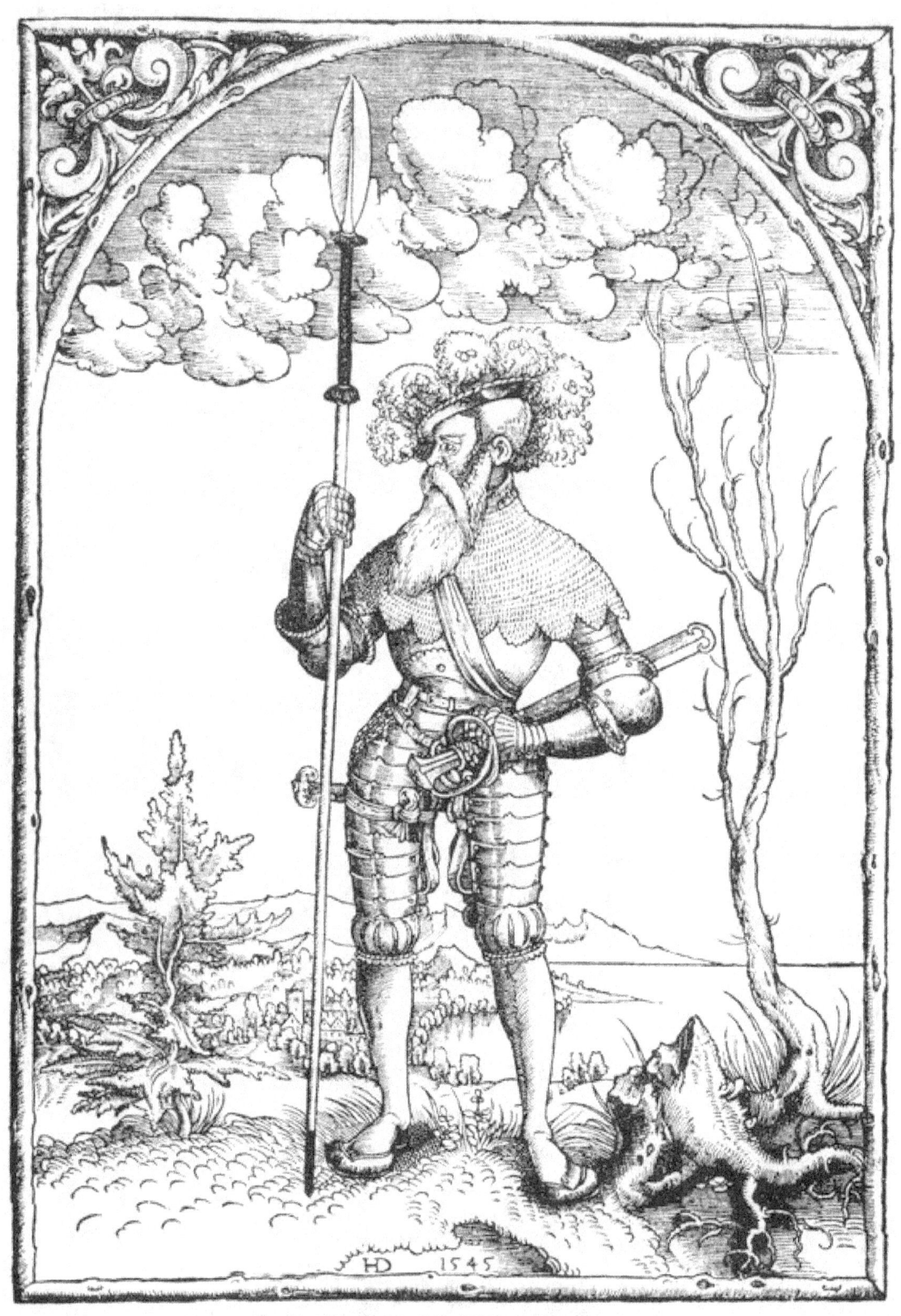

Lantsknecht Hauptman.

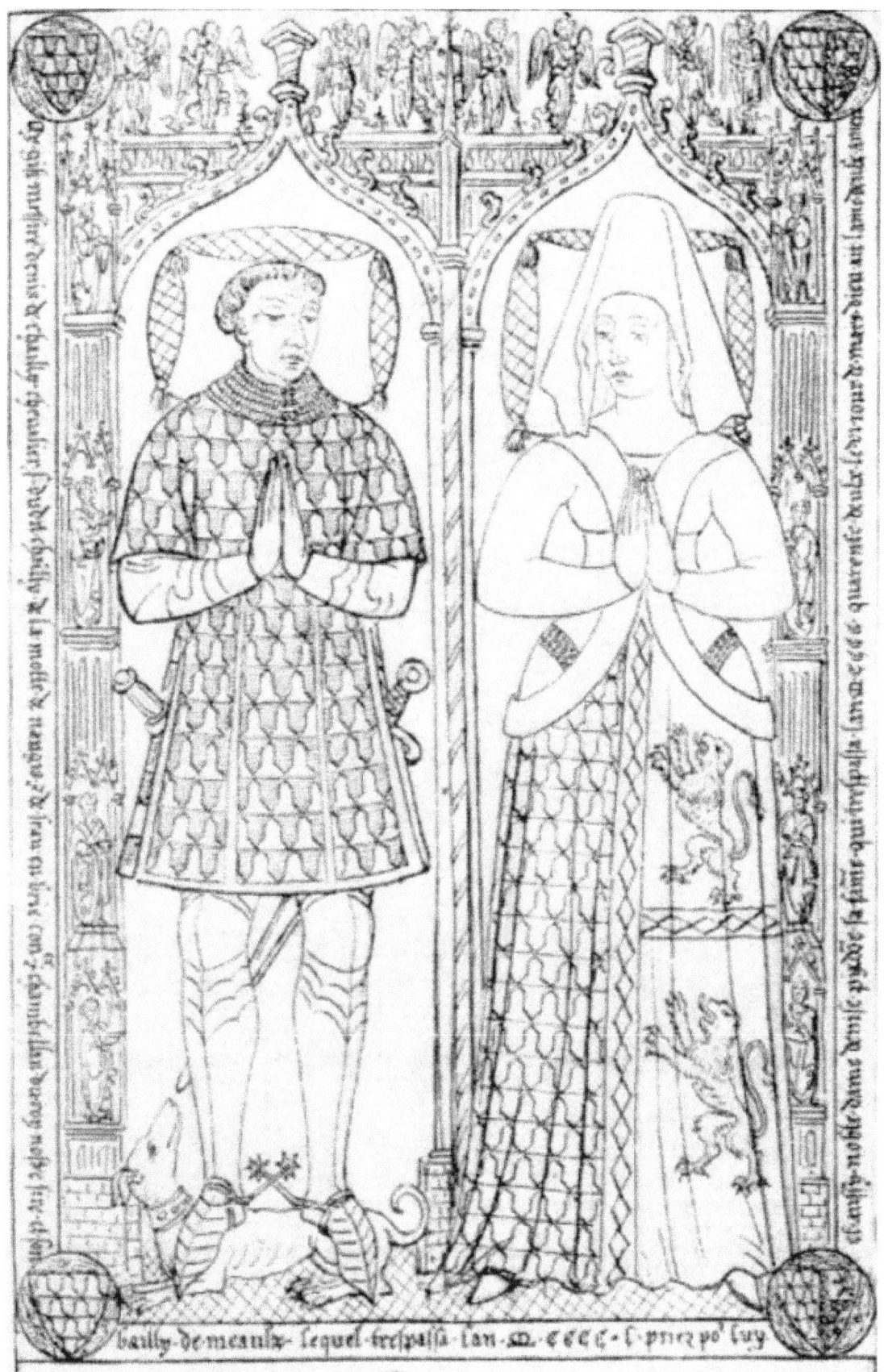

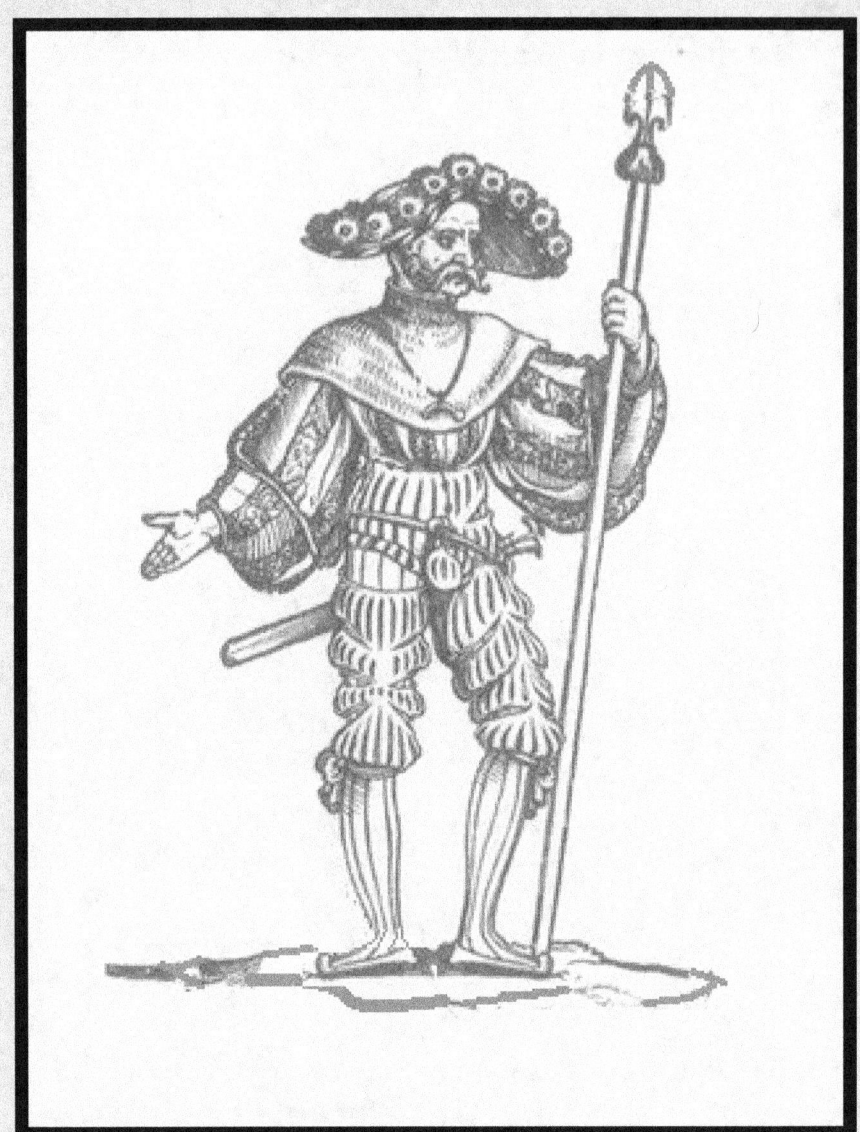

Nürnberg * Germanisches Nationalmuseum * Graphische Sammlung * Inv. Nr. H 399 Kapsel 1261 *
Wachtmeister (Fragment) * Nürnberg 1851/1900 *
Papier * Holz-Schnitt * 35,6 x 21,1 cm (Blatt) *
Nach-Druck * Nar/nach Druck * von: Beham, Hans
Sebald * (um)1535 *
Neg.Nr. GNM H 399/1261 *

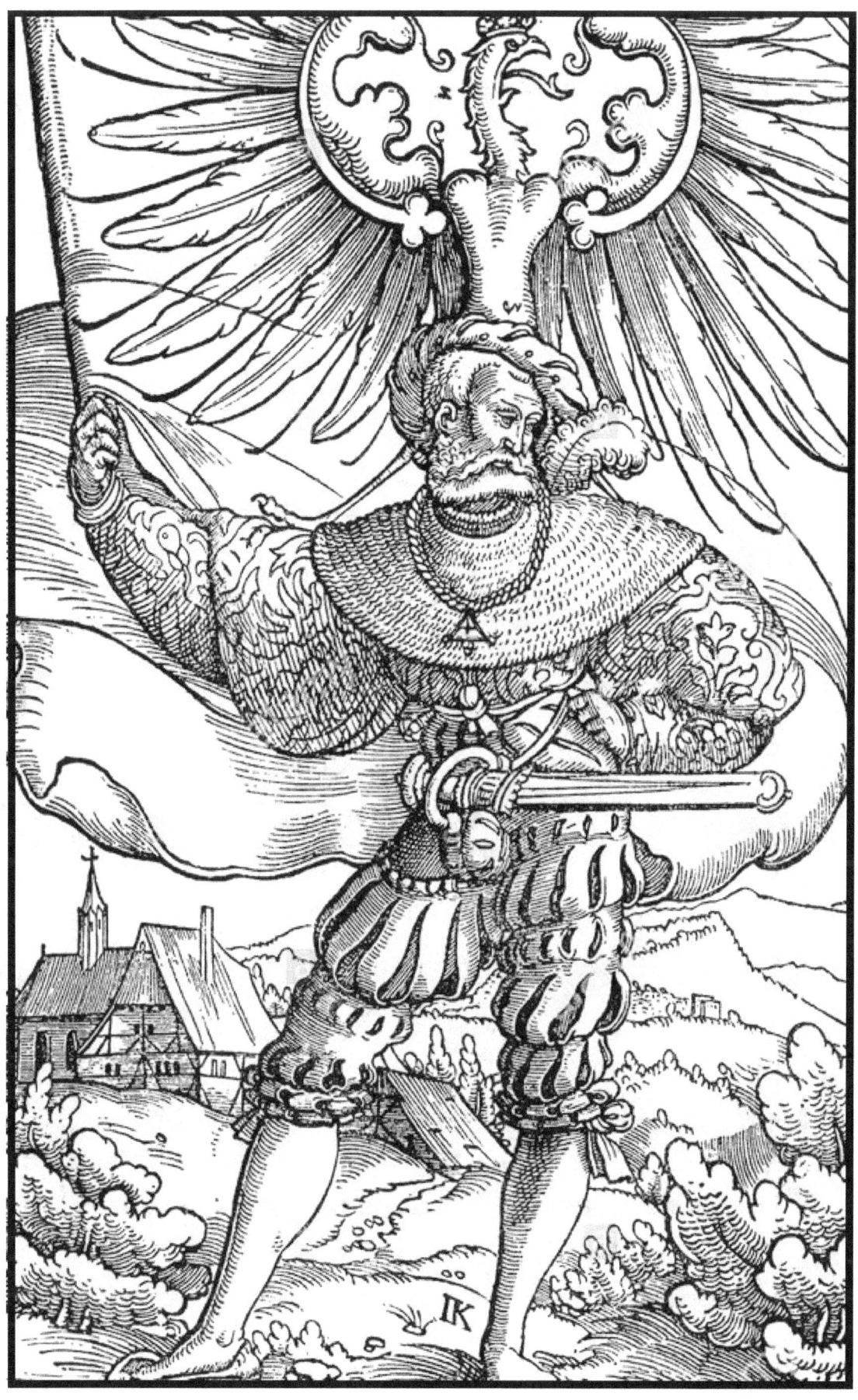

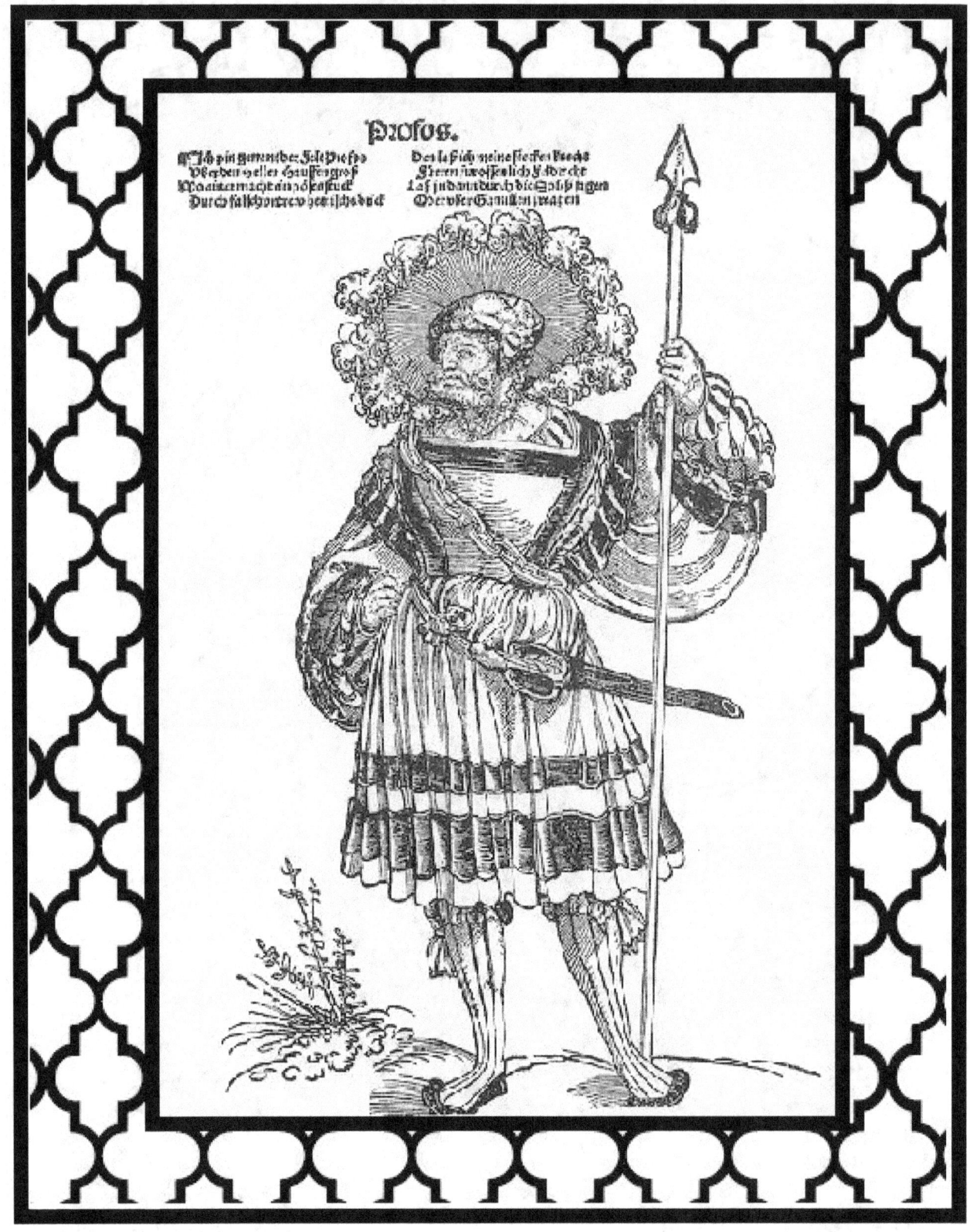

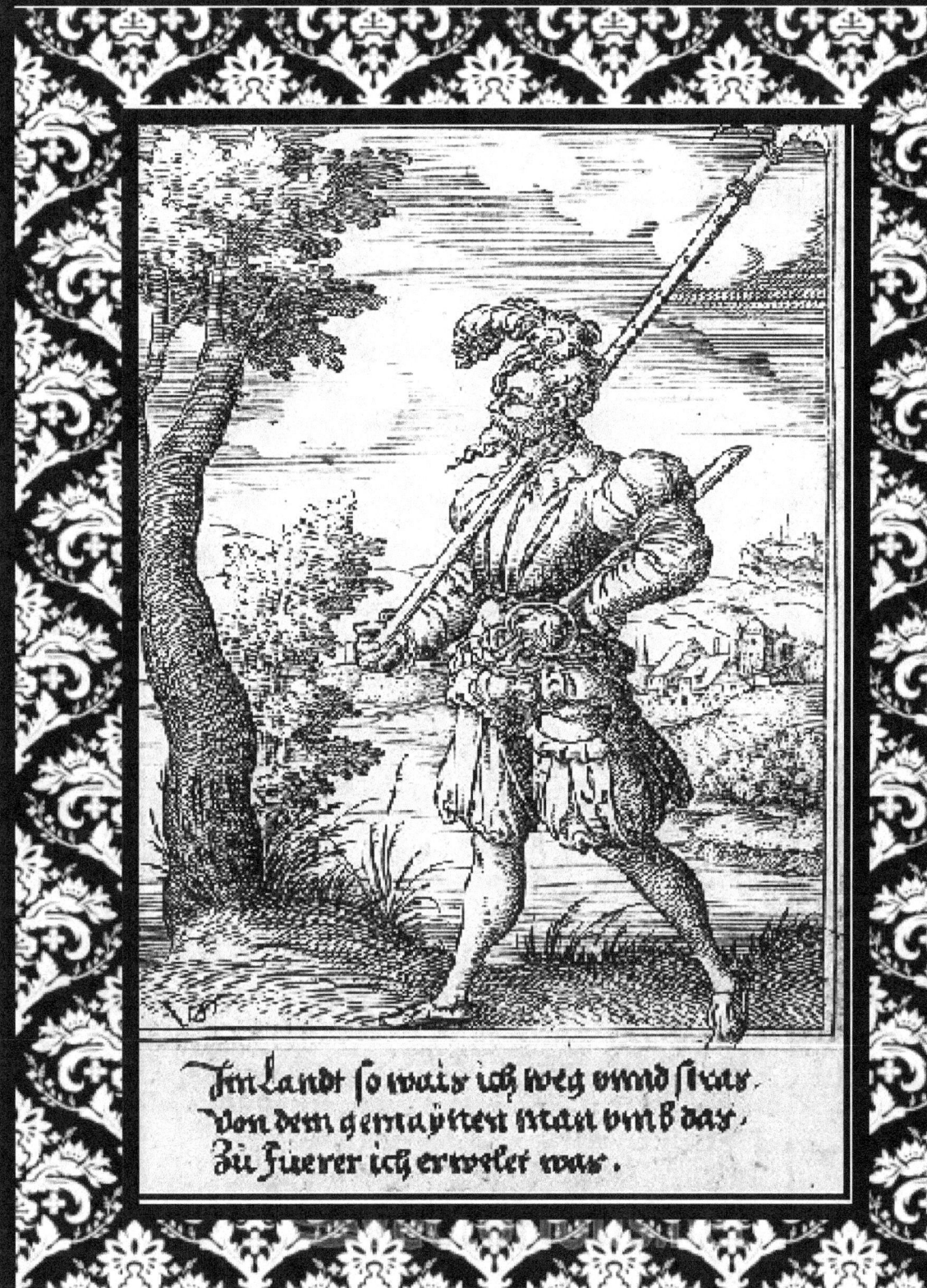

Im Landt so wais ich weg vnnd stras.
Von dem gemaysten man vmb das.
Zu Fuerer ich erwölet was.

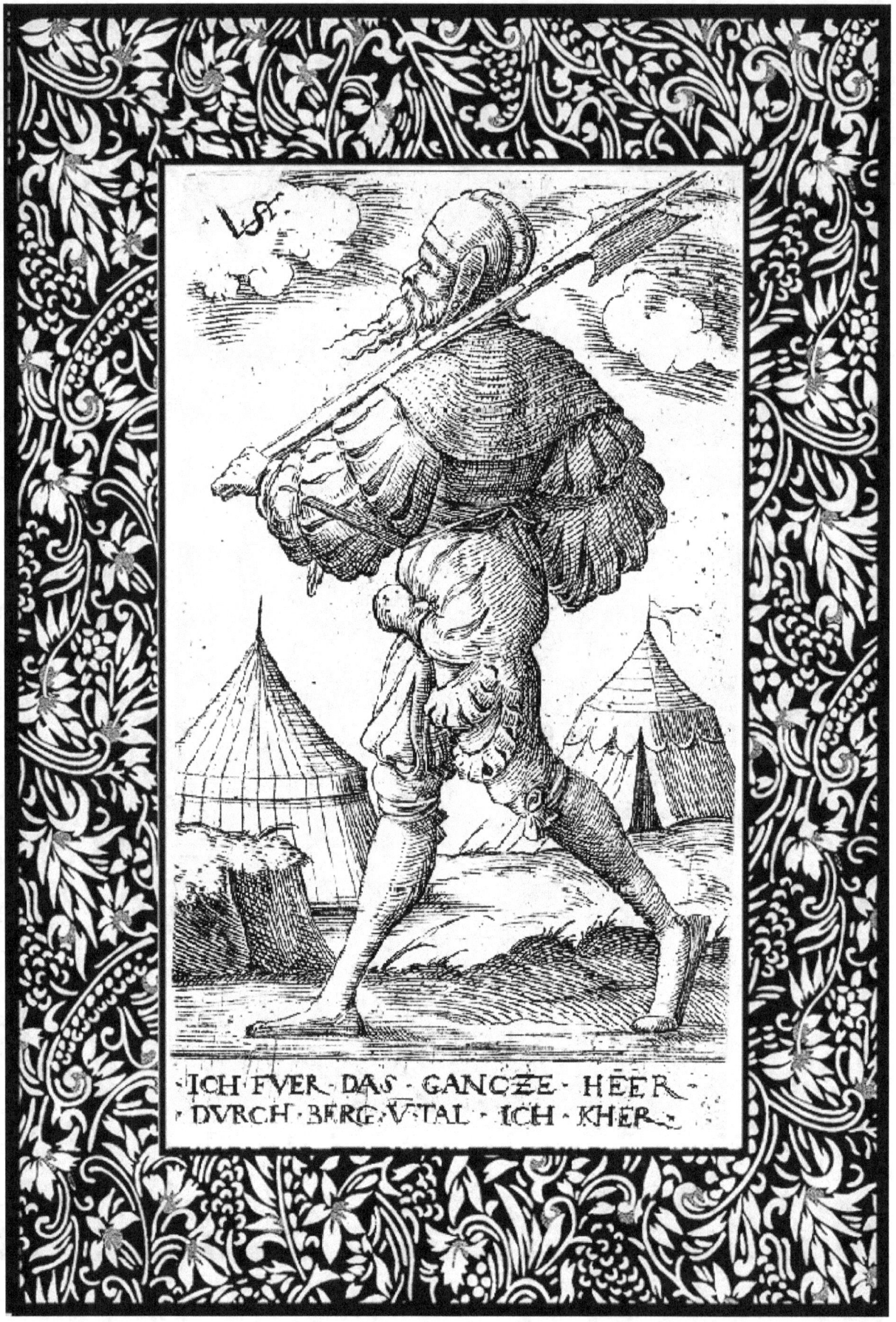

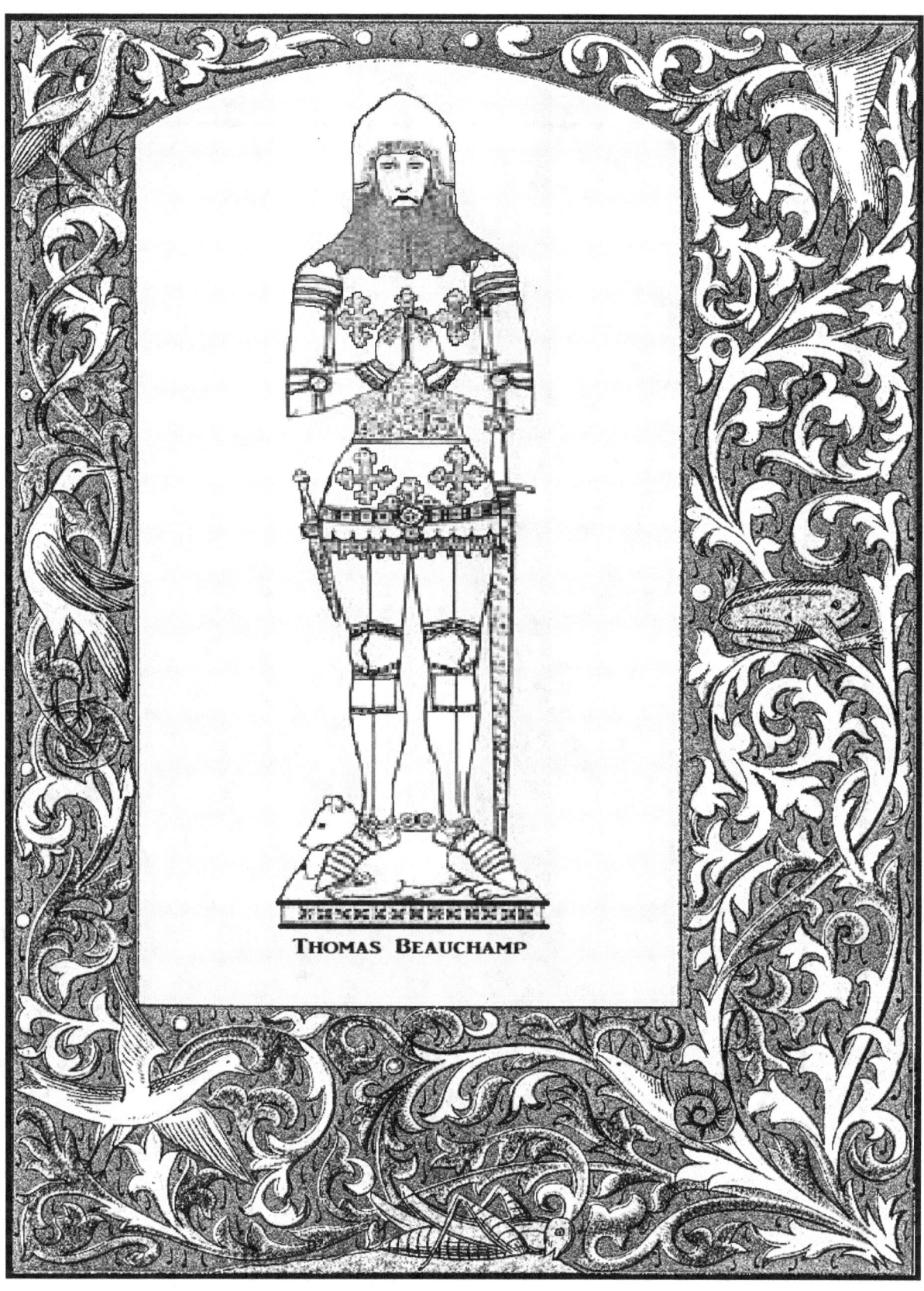

THOMAS BEAUCHAMP

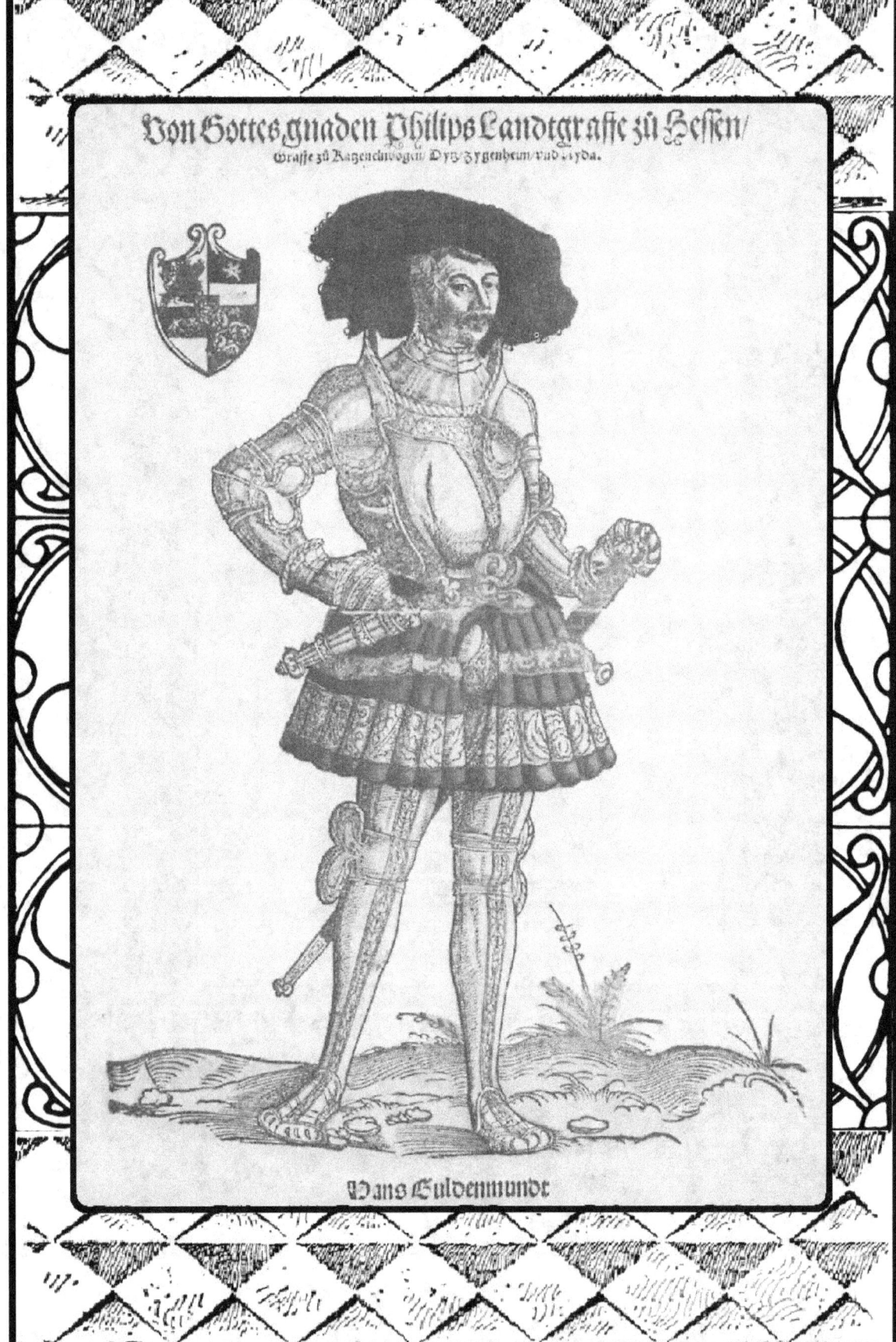

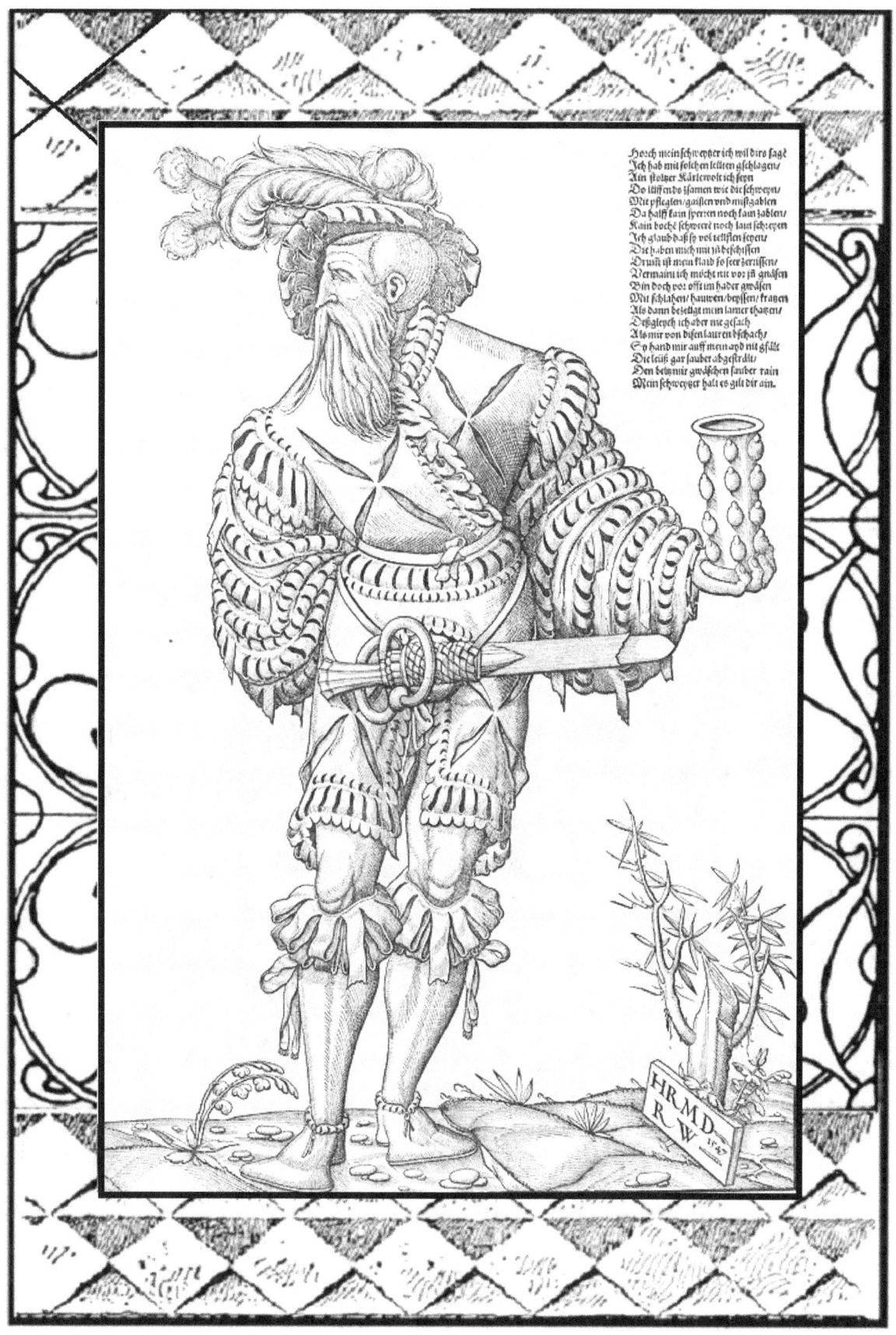

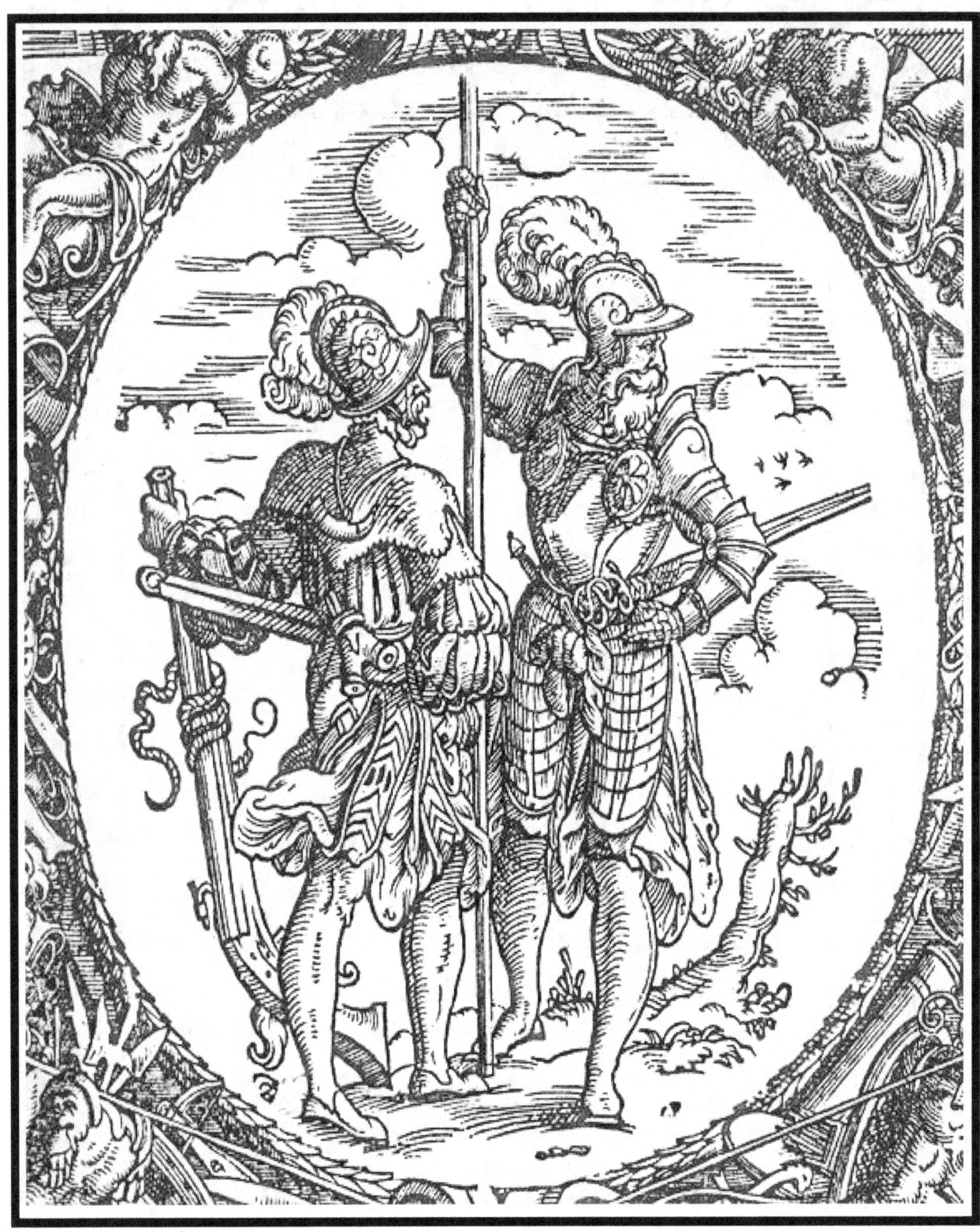

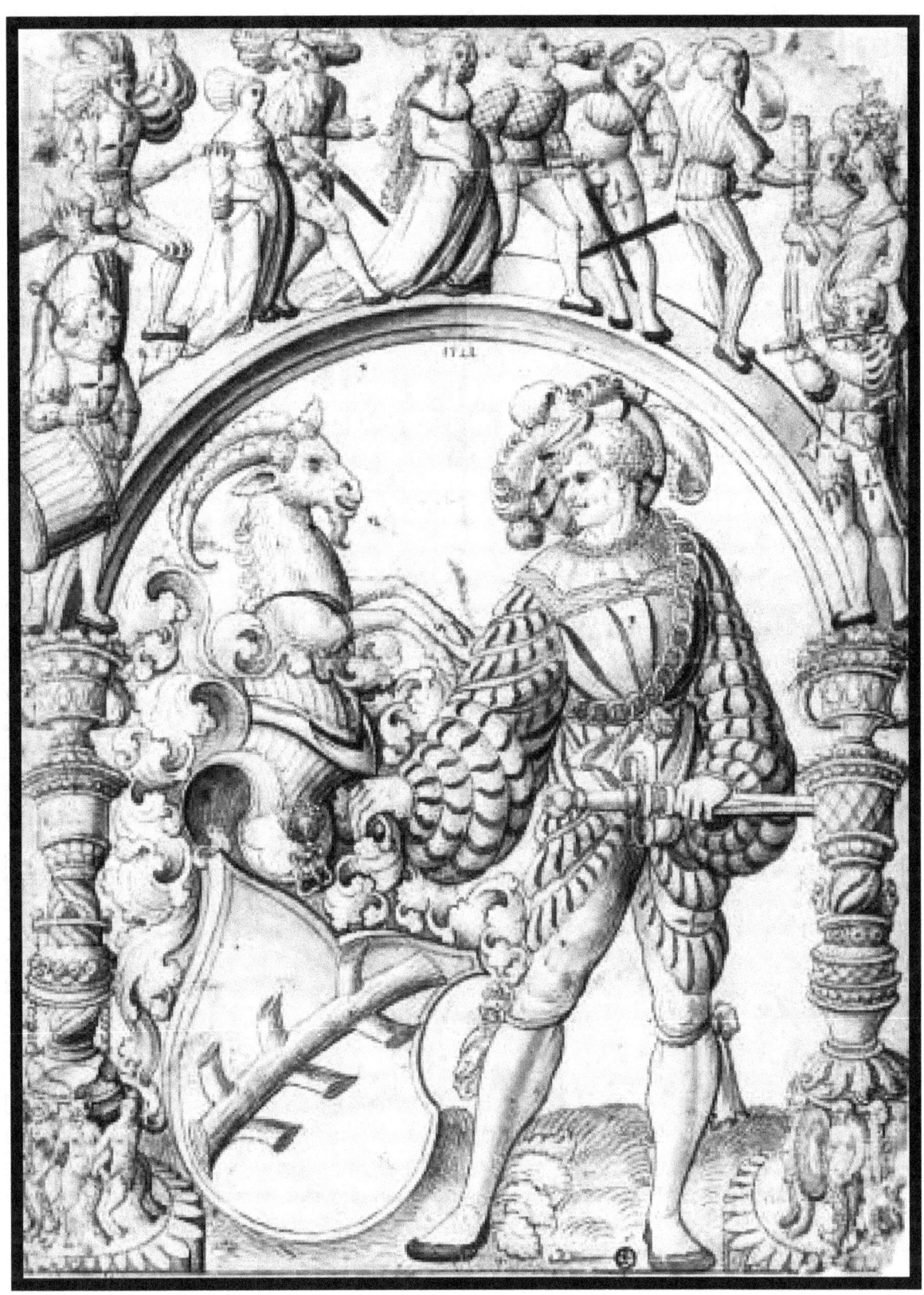

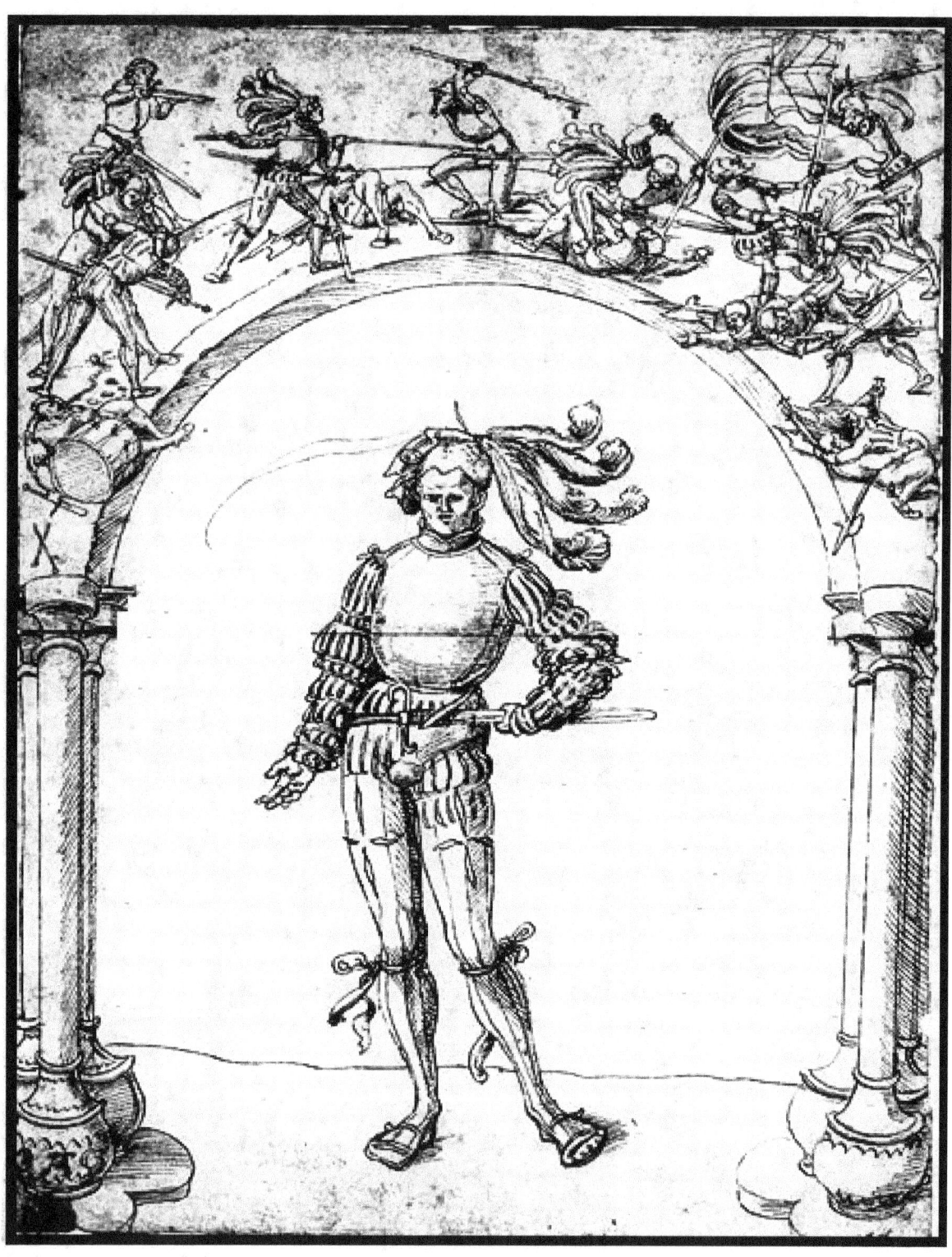

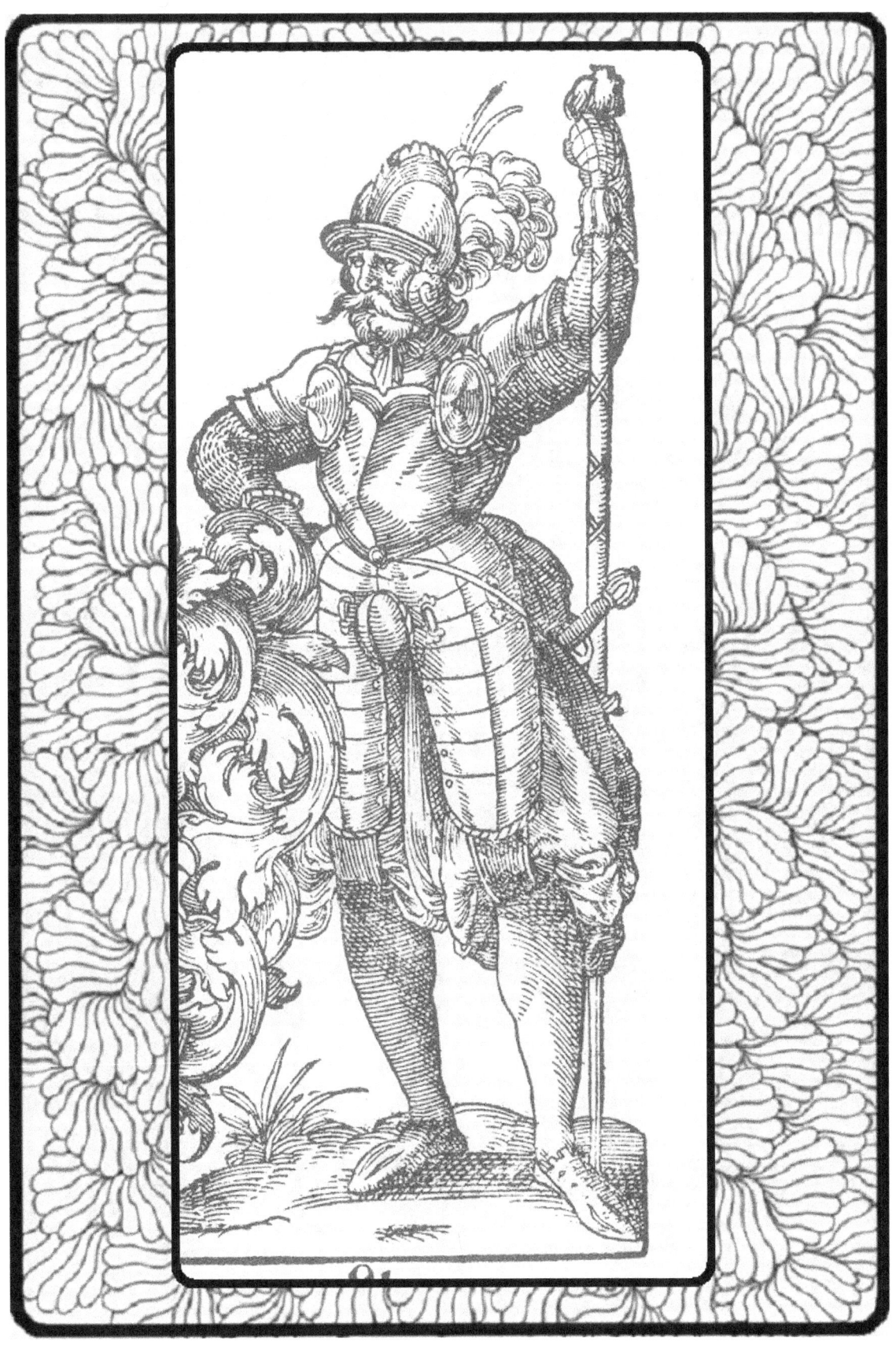

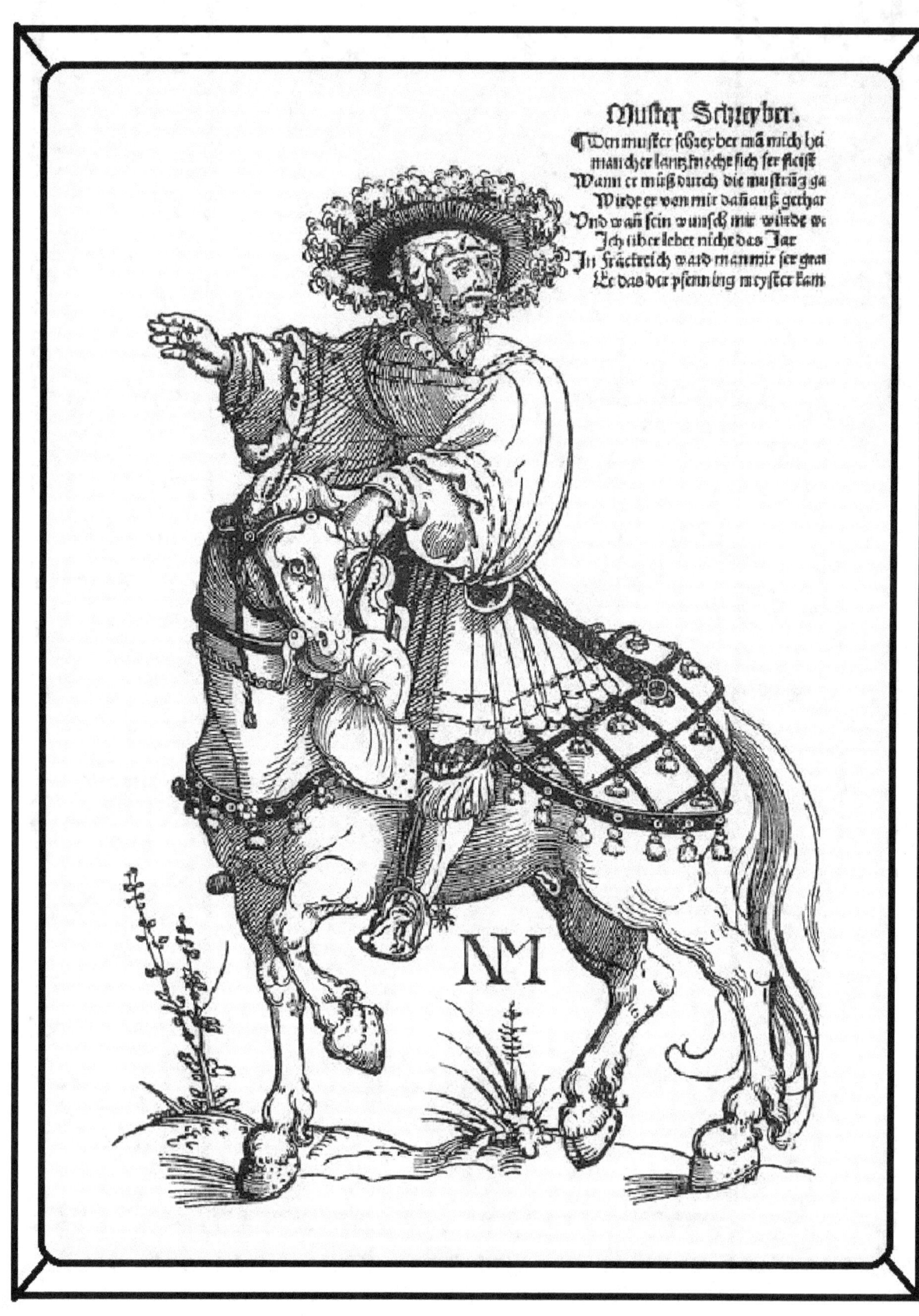

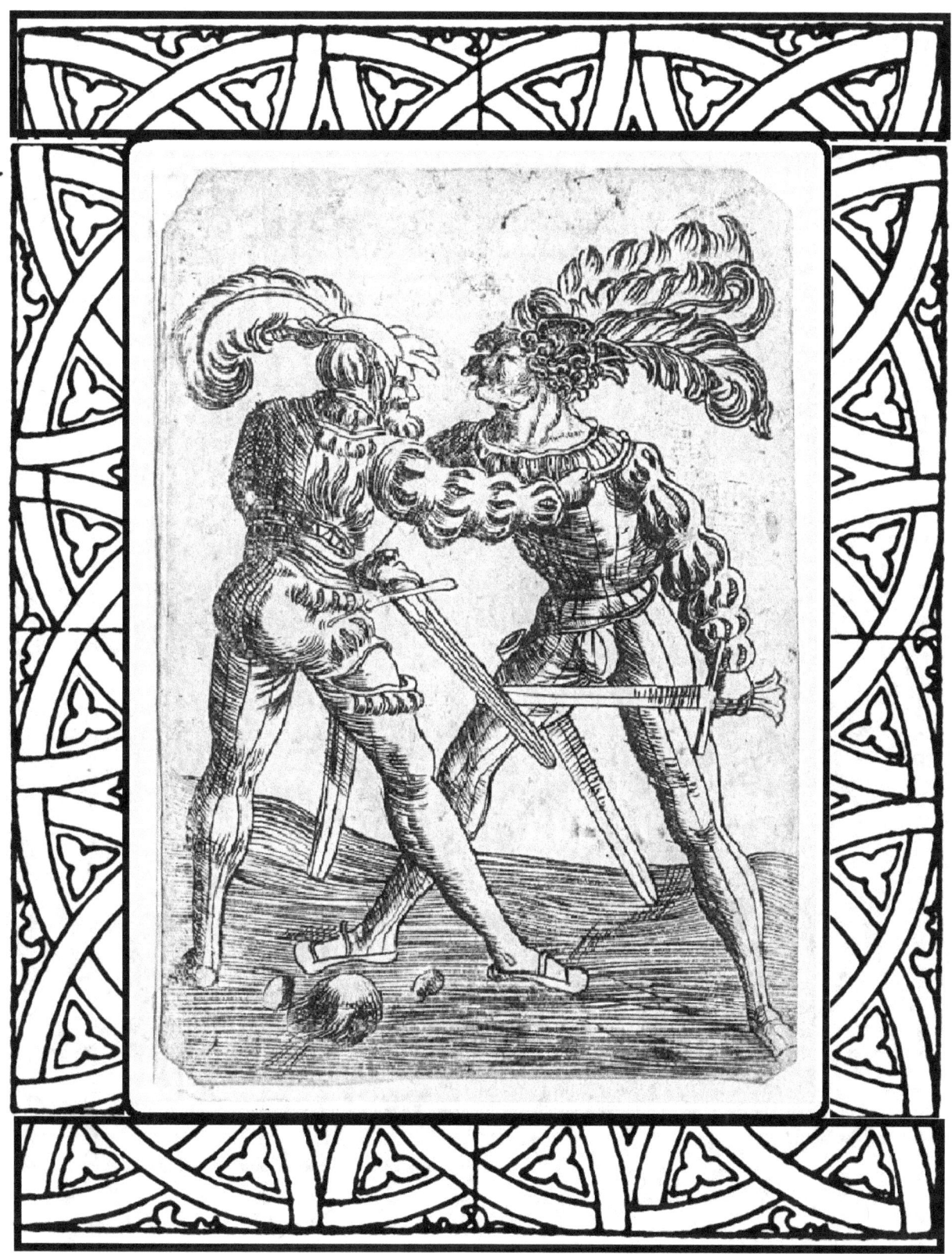

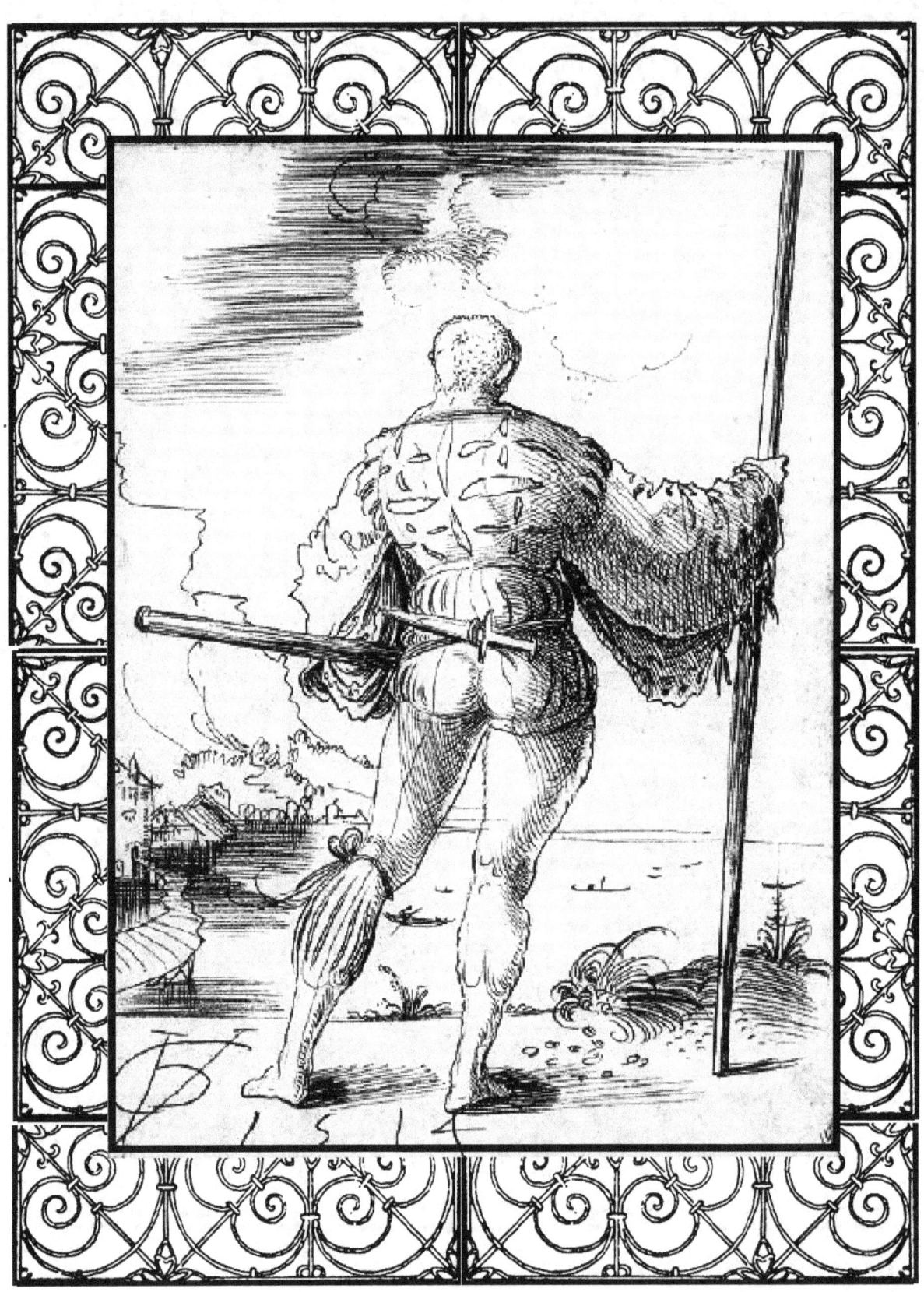

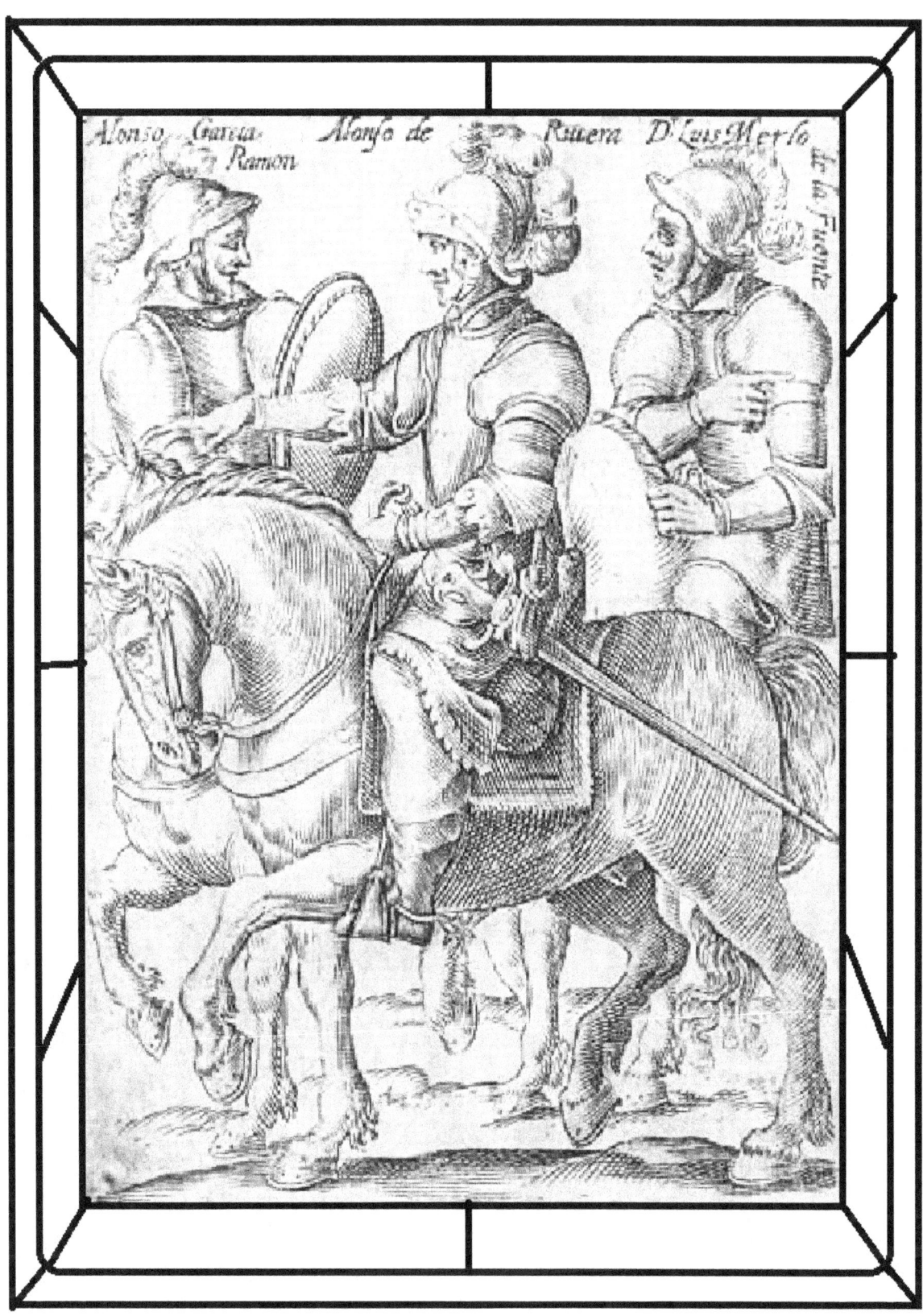

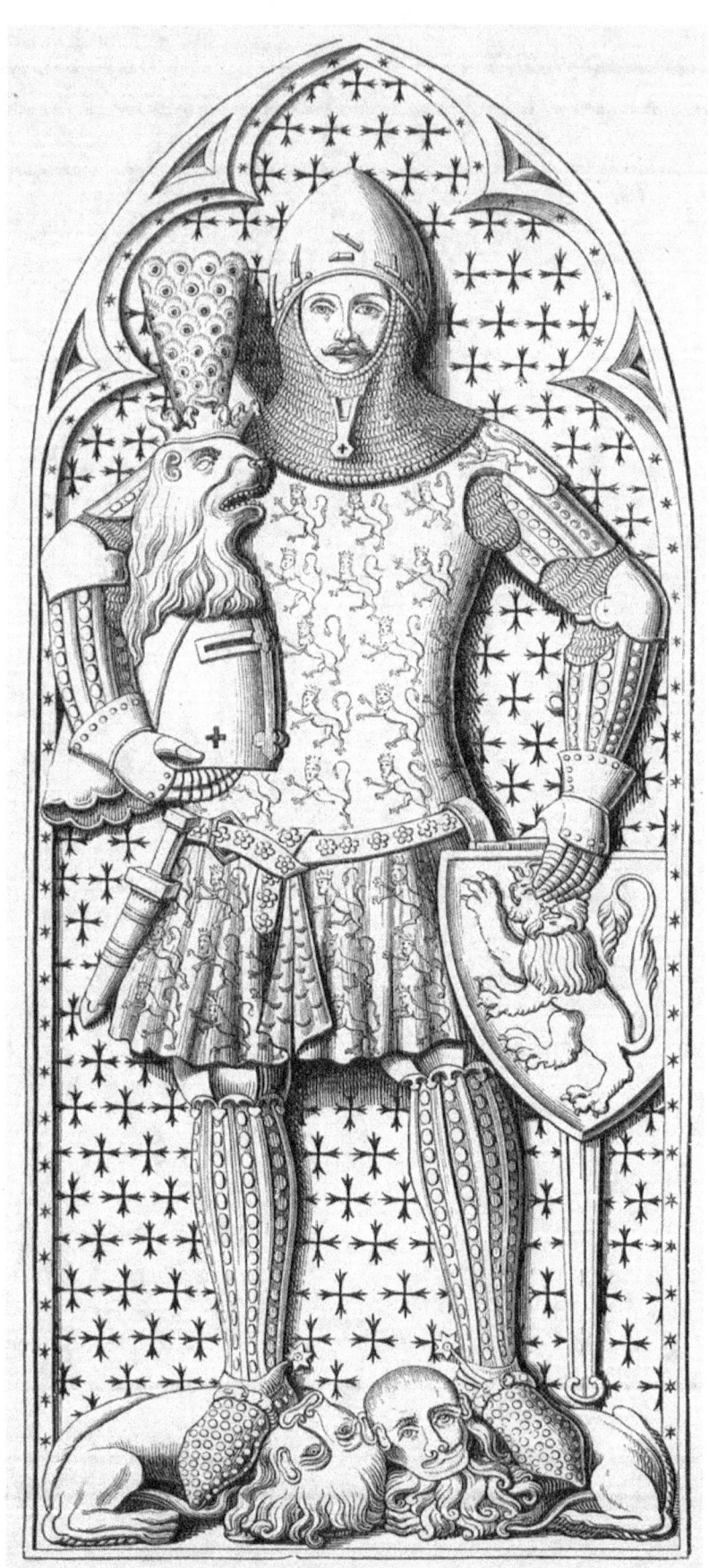

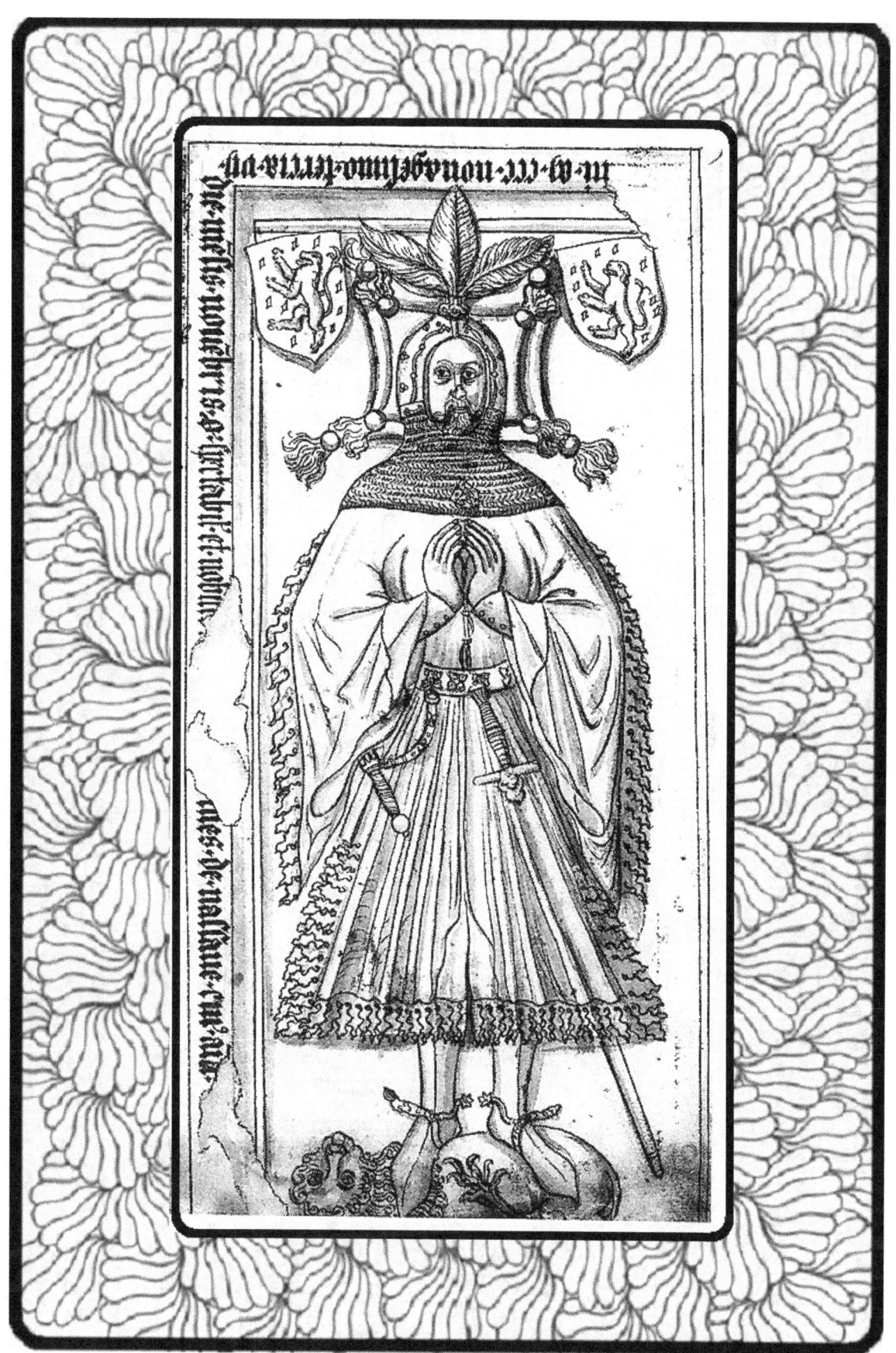

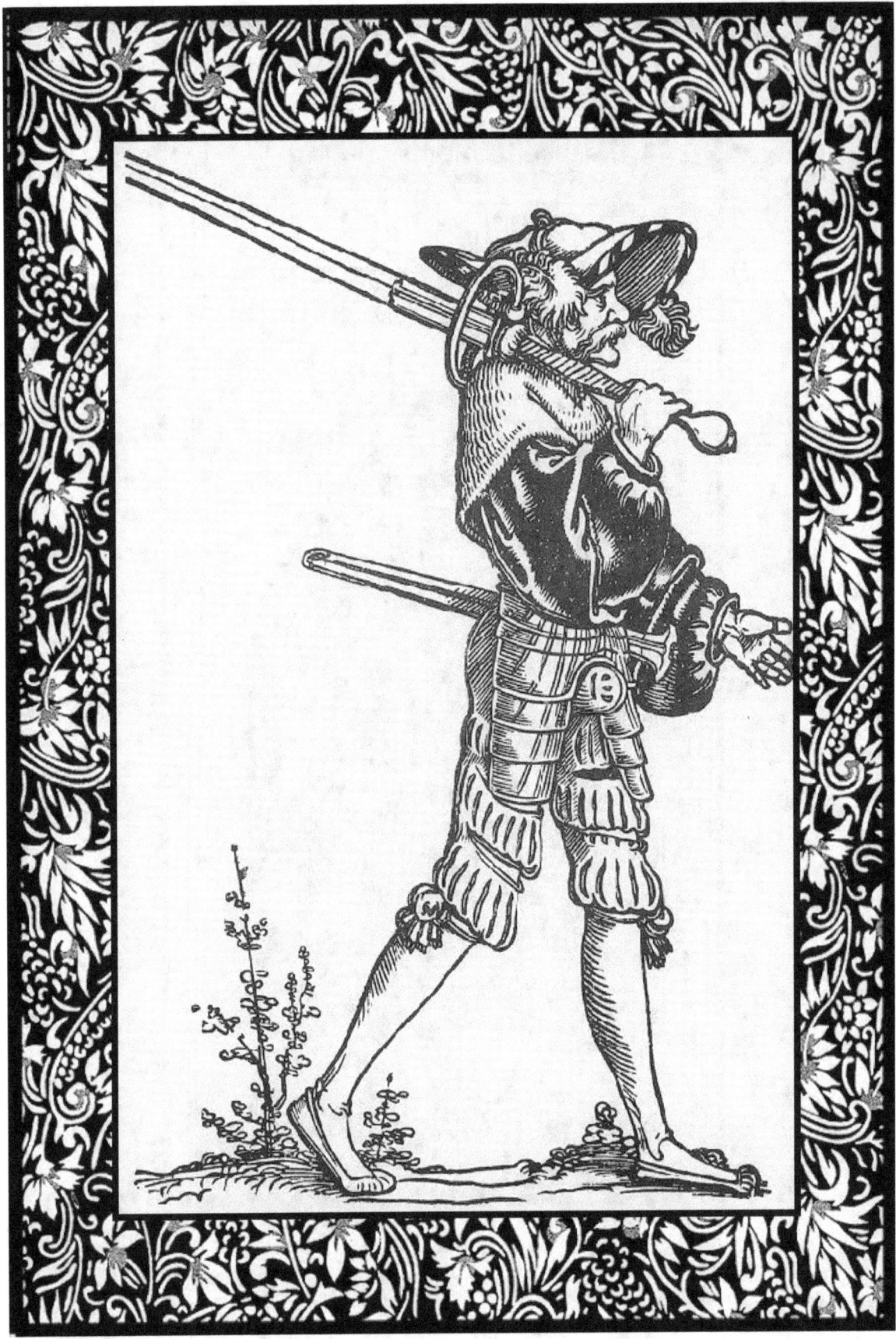

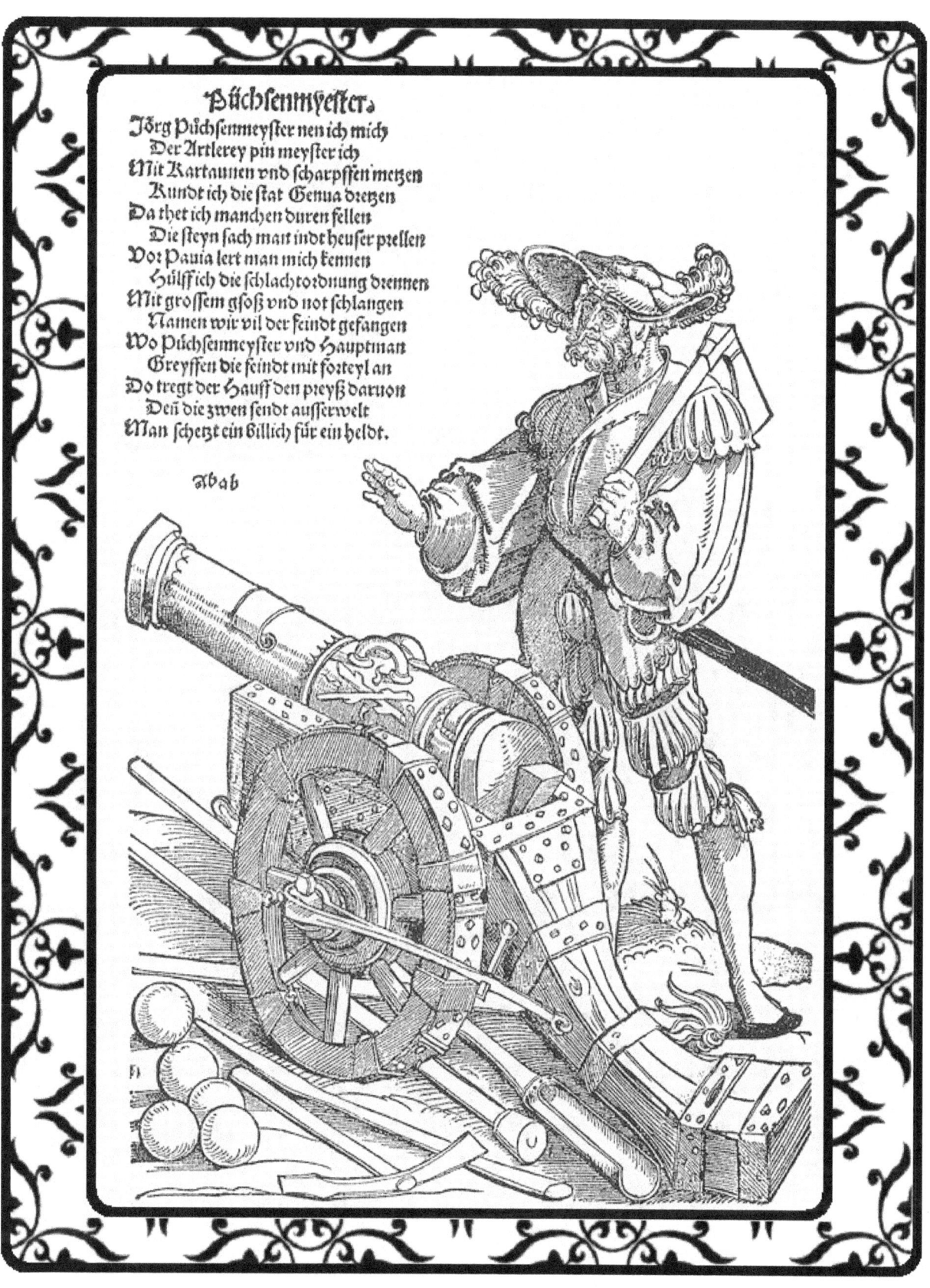

Püchsenmeyster

Jörg Püchsenmeyster nen ich mich
Der Artlerey pin meyster ich
Mit Kartaunen vnd scharpffen metzen
Kundt ich die stat Genua dretzen
Da thet ich manchen duren fellen
Die steyn sach man indt heuser prellen
Vor Pauia lert man mich kennen
Hülff ich die schlacht ordnung drennen
Mit grossem gschoß vnd not schlangen
Namen wir vil der feindt gefangen
Wo Püchsenmeyster vnd Hauptman
Greyffen die feindt mit forteyl an
Do tregt der Hauff den preyß daruon
Den die zwen sendt ausserwelt
Man schetzt ein billich für ein heldt.

Abab

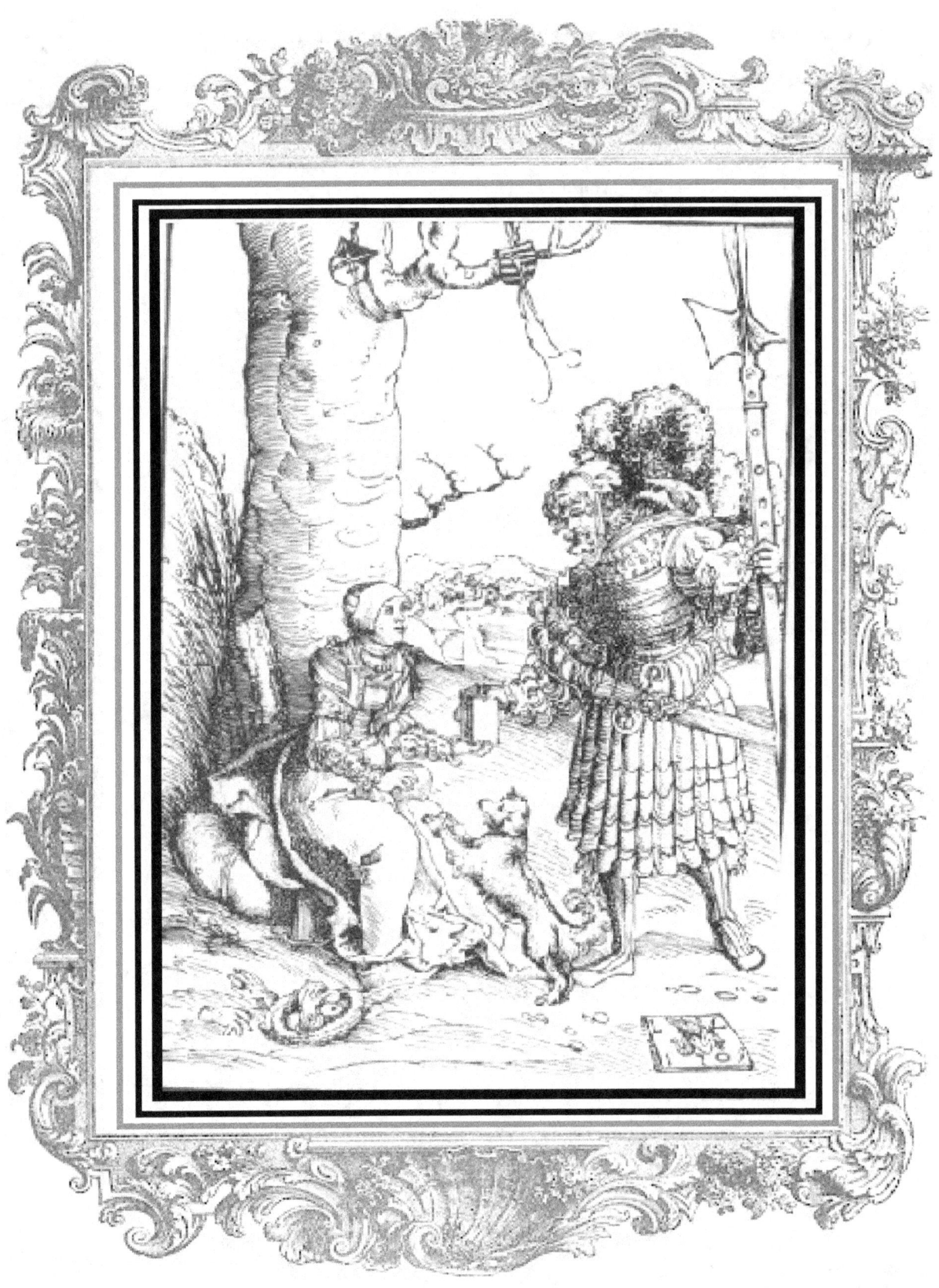

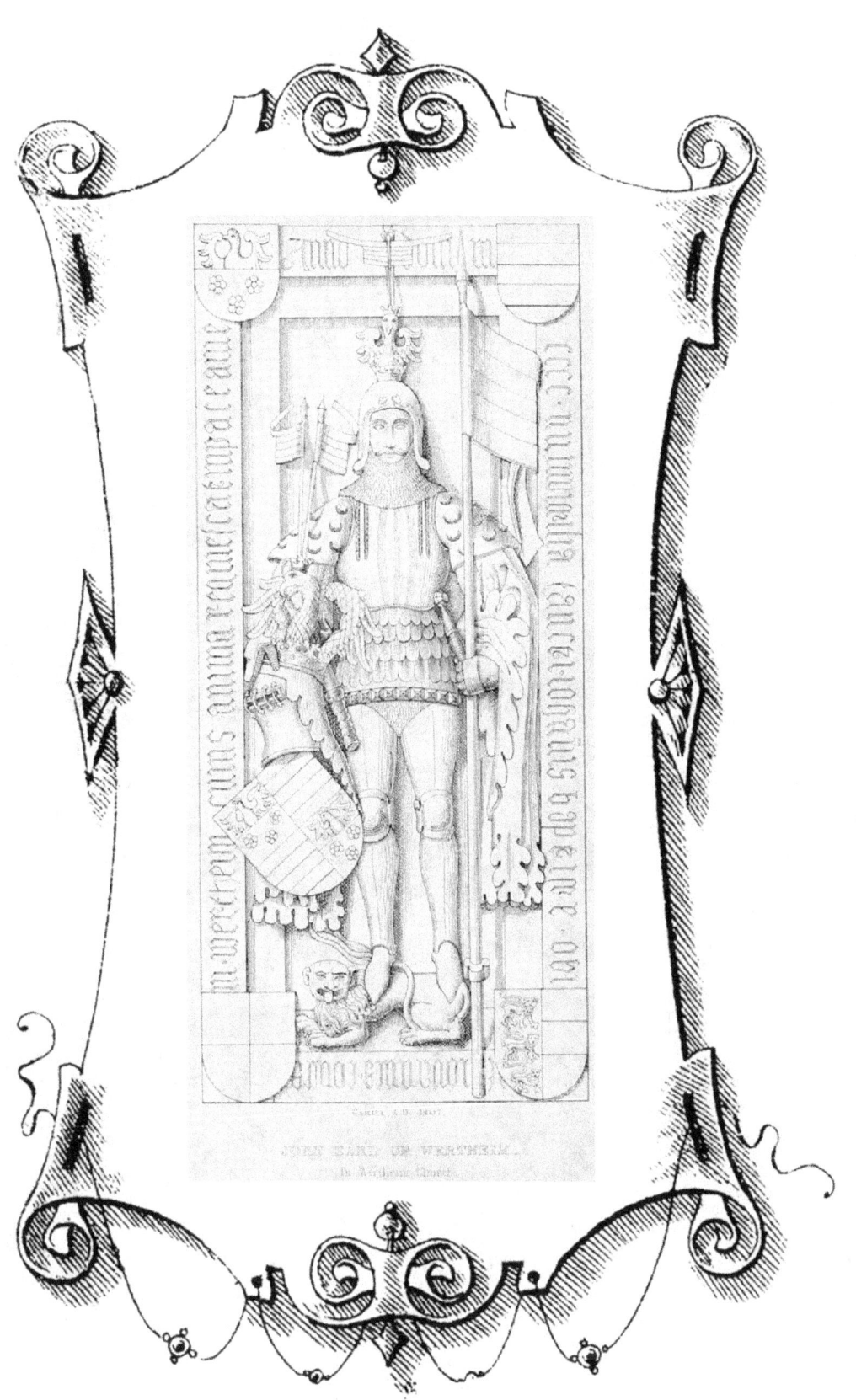

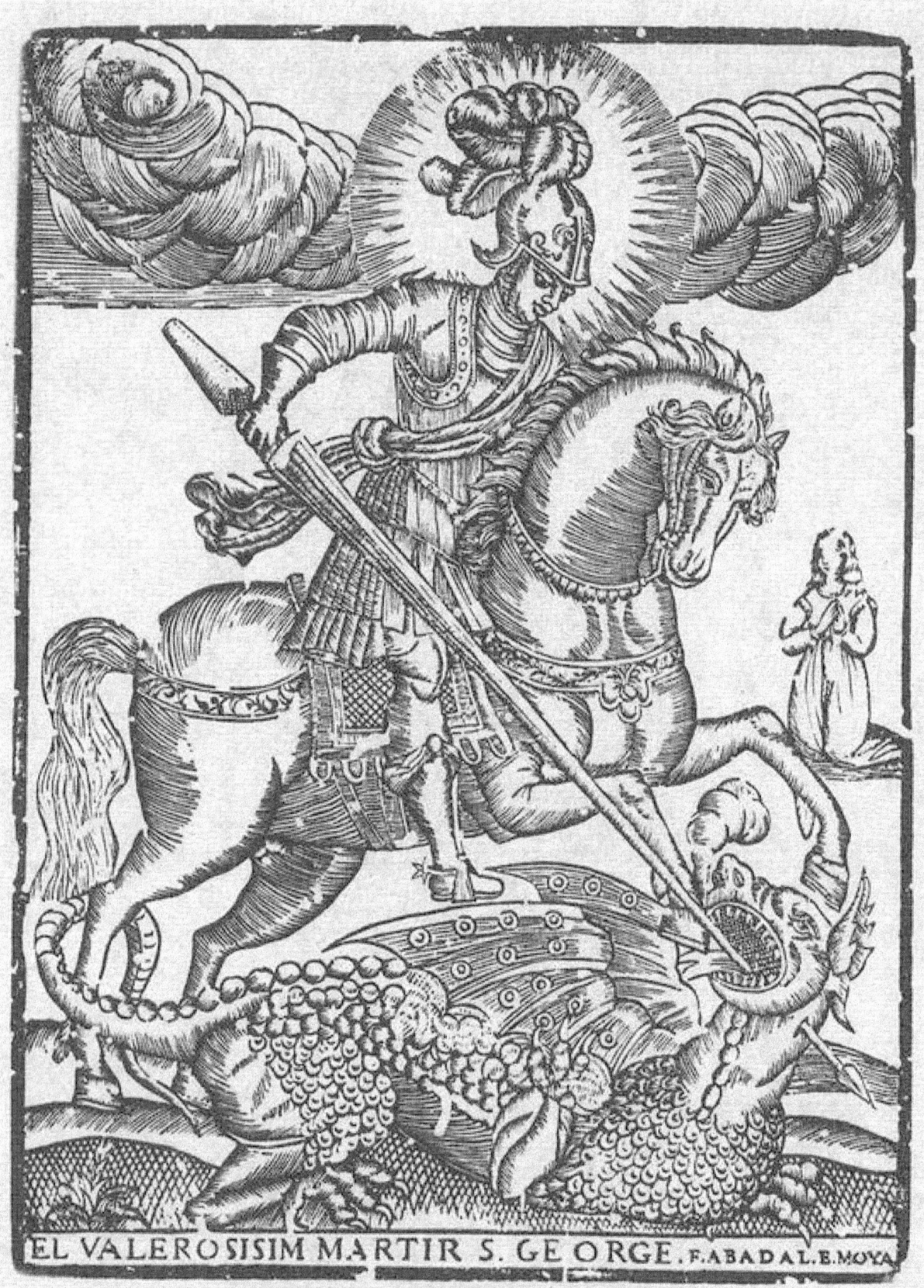

EL VALEROSISIM MARTIR S. GEORGE. F. ABADAL. E. MOYA

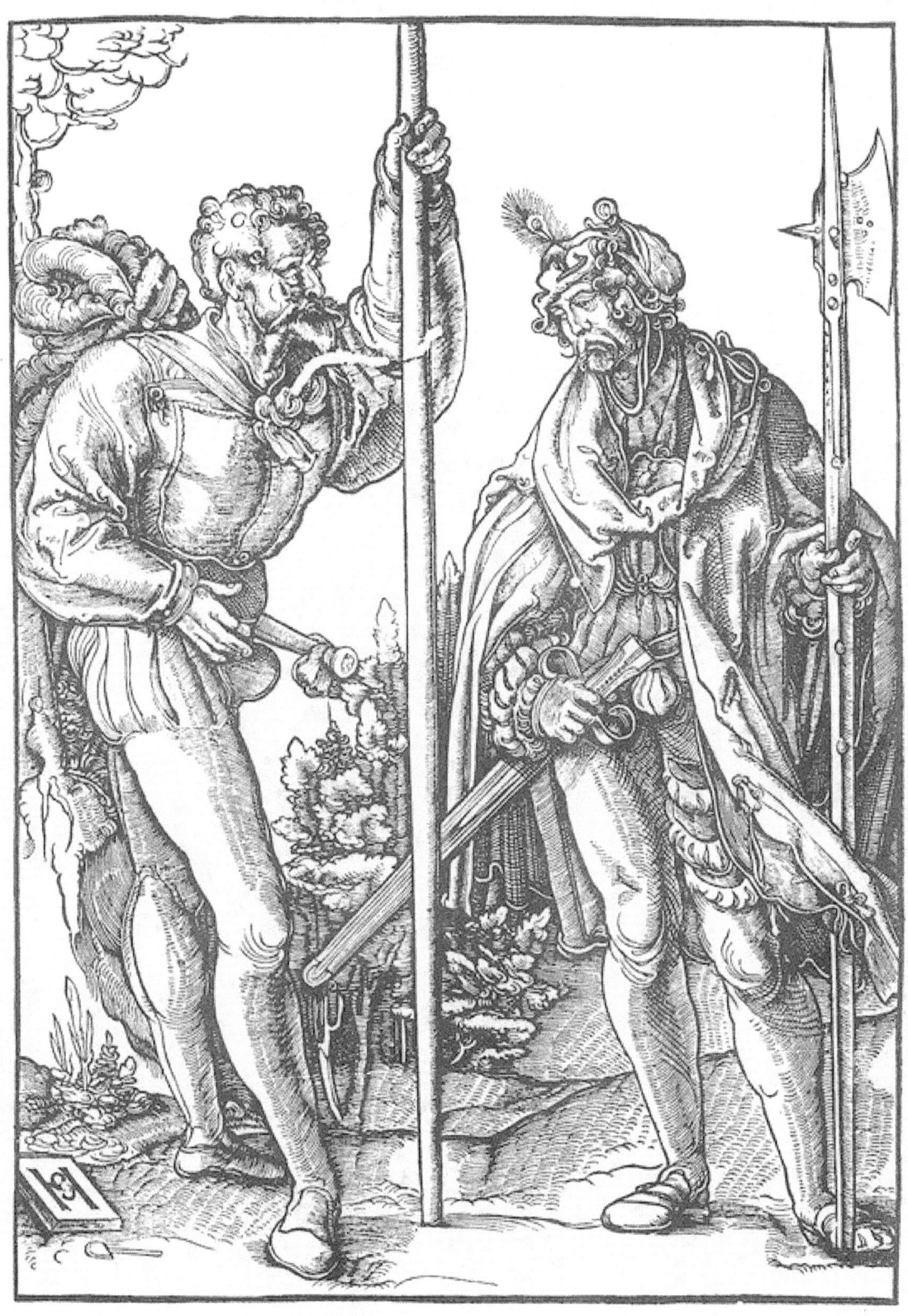

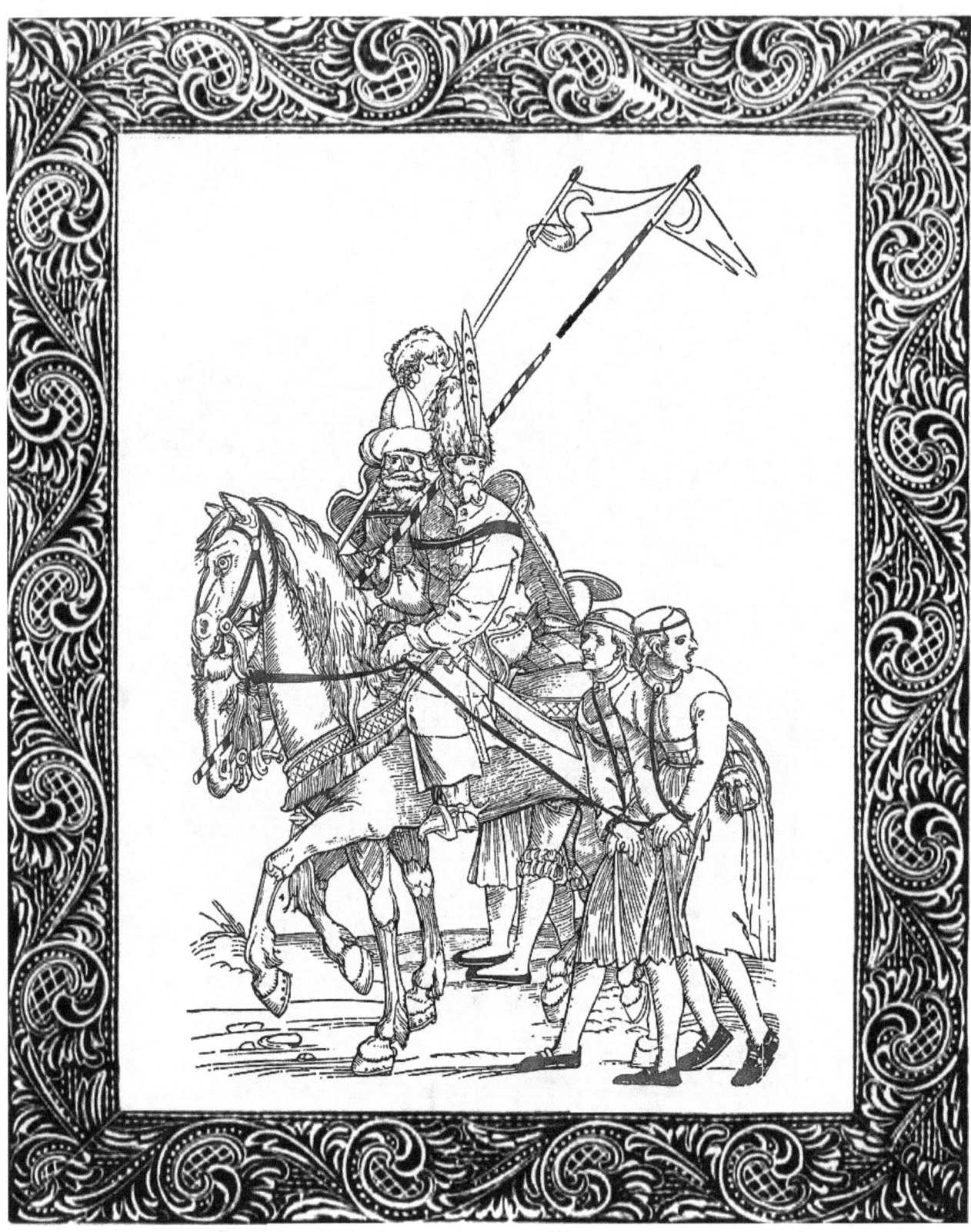